U0556303

THE RISE OF
THE WESTERN WORLD

A New Economic History

西方世界的兴起

900—1700

道格拉斯·诺斯
Douglass C. North

[美]　　　　　　　著

罗伯特·托马斯
Robert Paul Thomas

贾拥民　译

中国人民大学出版社
·北京·

　　我们有意将本书写成一本"革命性"的书，不过从另一些方面来看，它其实也是非常合乎传统的。本书的革命性在于：我们提出了一个全面的分析框架，然后运用这个框架考察和解释了西方世界兴起的过程，这个框架是与标准的新古典经济学理论一致的，并且与之互为补充。为了让那些没有受过经济学训练的人也能理解本书（并希望他们觉得本书很有意思），我们在写作过程中尽量避免使用专业术语，同时力求做到清晰明了、简单直接。

　　之所以说本书是合乎传统的，是因为我们的工作是以许多先行者的开拓性研究为基础的。经济史这个领域的学者应该很容易就可以看出我们从马克·布洛赫（Marc Bloch）、卡洛·西波拉（Carlo Cipolla）、莫里斯·多布（Maurice Dobb）、约翰·U. 内夫（John U. Nef）、M.M. 波斯坦（M. M. Postan）、约瑟夫·熊彼特（Joseph Schumpeter）等经济史学家的研究中，以及波洛克（Pollock）、梅特兰（Maitland）和斯塔布斯

（Stubbs）等对古典法律和宪法制度的研究中受益匪浅。

我们应当强调的是，本书是一项解释性研究，是一个扩展版的解释性纲要，而不是一本传统意义上的经济史著作。它所提供的，既不是详尽无遗的标准经济史研究，也不是对新经济史学理论的准确的实证检验。本书的目标在于为欧洲经济史研究提出若干新的路径，而不在意是否符合以上任何一种研究的标准"格式"（formats），或者更准确地说，本书其实只是给出了一个新的研究议程。

本书能够出版，我们要感谢的人非常多，但是在这里只能列出其中一些人的名字。长期以来，我们经常就许多问题去请教我们的同事，感谢他们一直以来忍受着我们的"骚扰"，特别是张五常，在我们提出理论框架方面他给予了大力帮助；马丁·沃尔夫（Martin Wolf）把他即将出版的关于法国财政史的著作的手稿借给了我们；戴维·赫利希（David Herlihy）和 M.M. 波斯坦阅读了本书第一篇和第二篇的早期手稿，并给出了详尽的建议和批评意见；特里·安德森（Terry Anderson）和克莱德·里德（Clyde Reed）不仅对我们的研究提供了宝贵的帮助，而且提出了有益的批评性评论。最后还要感谢多所大学的许多读者，他们听过我们关于本书的理论框架部分的报告。本书无论有什么价值，都要感谢所有这些人的帮助，但是本书的任何缺点都由我们两个人负责。

感谢美国国家科学基金会（National Science Foundation）提供的资助，使我们得以完成本书。国家科学基金会对我们的研究一直非常关注并提供了连续的支持，对此，我们谨致诚挚的谢意。

此外，还特别要感谢玛丽恩·伊姆波拉（Marion Impola），她设法将我们的句式复杂、难以理解的文字加工成了有很高可读性的完全合乎文法的优雅散文；我们还要感谢乔安妮·奥尔森（Joanne Olson），她也在这个方面付出了很多心血。

为了提高本书的连贯性和可读性，我们将各章的资料来源做成了一份总的参考文献，放在全书最后，在正文中只对直接引文和需要解释的地方加了很少的几个脚注。希望采用这种做法不会冒犯本书引用过的学者。

目 录 | 西方世界的兴起（900—1700）

第一篇

理论框架和全书概览

第一章

问题的提出

西方人的富裕是一个新的和独特的现象。直到过去几个世纪以来，西方人才摆脱了以往那个长期被赤贫和反复发生的饥荒束缚的世界，实现了只有相对富足后才有可能达到的生活质量。本书的目标就是为西方世界的兴起这个独特的历史成就提供一个解释。

本书的核心结论一目了然，那就是有效率的经济组织是经济增长的关键，即我们可以用有效率的经济组织在西欧的发展进程来解释西方世界兴起的原因。

有效率的组织要求适当的制度安排和明确的产权（property rights）[1]，这样才能创造激励，把个体的经济努力汇聚成能够使得私人收益率接近社会收益率的经济活动。[2] 在后面的章节中，我们提出了一个理论模型并将它应用到对上述问题的分析中，然后描述模型参数的变化是如何引发制度变革的。不过，

---

[1] 对于"property rights"，本书中根据不同的语境分别译为"产权""财产权""财产权利"而不译为"所有权"，后者对应于英文"ownership"。——译者注

[2] 私人收益率（private rate of return）是经济主体从事某种经济活动得到的净所得额（sum of the net receipts）。社会收益率（social rate of return）是社会从这种活动得到的总净收益（可以为正，也可以为负），它等于私人收益率加这种活动对社会中其他每个人的净效应。

在这么做之前，我们必须先指出实现经济增长的基本条件，同时剖析一下私人的成本／收益与社会的成本／收益之间的差异。当然这里的讨论必定是高度简化的。

我们所说的"经济增长"，指的是人均收入的长期增长。因此，真正意义上的经济增长只能意味着，社会总收入的增长必定要比总人口的增长更快。在停滞状态下，则不存在人均收入的持续增长，尽管人均收入在相当长的周期中可能有升有降。

在某个社会中，如果社会上的个人没有被激励去从事能够引发经济增长的那些经济活动，那么这个社会就会陷入停滞状态。只要通过简单的经验观察，我们就可以明白，即便有的个人可能会选择忽略这种正向激励，即便有些社会成员可能对他们当前的状态非常满意，绝大多数人仍然更愿意选择较多的物品而不是较少的物品，他们都会根据这个原则来行事。经济增长只要求一部分社会成员拥有这种占有欲或进取心。

因此，我们完全可以采用如下这个解释：如果一个社会未能实现经济增长，那是因为它没有为经济创新提供激励。接下来，让我们考察一下这个解释的含义。首先我们必须把生产要素（土地、劳动、资本）投入的增加所带来的收入增长分离出来。这种直接的增量会导致经济总量的（外延性的）增长，但是不一定能够导致人均收入的增长。有两种情况可以导致后面这种人均收入的增加——我们认为只有这才是真正的经济增长。第一种情况是，人均生产要素的实际数量有可能会增加，这就可能会导致经济增长。第二种情况是，一种或几种生产要素的效率的提高也可能带来经济增长。这种生产率的提高，可以通过规模经济来实现，也可能是因为生产要素的质量得到了提升（劳动者受到了更好的教育、资本体现了新技术），还有可能是因为不确定性和信息成本造成的市场失灵减少了，或者可能是因为通过组织变革克服了市场失灵问题。

以往绝大多数经济史学家都宣称技术变革是西方经济增长的主要原因。诚然，欧洲经济发展的历史确实是围绕着工业革命展开的。更晚近一些，有一些学者强调对人力资本的投资是经济增长的主要源泉。最近有些学者已经开始探讨市场信息成本下降对经济增长的影响了。上面所说的这些因素，每一种都会对产出的增长起到明显的作用，这是毫无疑问的。事实上，规模经济也有同样的作用——市场越大，生产规模就越大，产出也就越高。考虑到这个原因，再加上我们所关注的一切都是用人均水平来衡量经济增长，所以人口扩张本身也是我们在确定经济的"实际"增长时需要考虑的一个维度。

经济史学家和经济学家通过对以往的经济绩效进行"诊断"，认定了一系列决定经济增长的因素。我们在上一段中已经把它们罗列出来了。然而这种解释显然存在一个漏洞，因为我们仍然疑惑不解：如果经济增长所需要的就是投资和创新，那么为什么有些社会就是不能实现经济增长这个合意的结果呢？

我们认为，这个问题的答案将把我们带回到最初的论题上去。我们在上面列出的这些因素（创新、规模经济、教育、资本积累等）并不是经济增长的原因，它们本身就是增长。本书集中关注的是导致经济增长的原因。除非现行的经济组织是有效率的，否则经济增长就必定不会发生。一定要让个人得到激励去从事合乎社会需要的经济活动。必须设计出某种机制使得社会收益率和私人收益率趋近于相等。私人的收益或成本就是参与任何经济交易的个人的收益或损失。社会的收益或成本则是影响整个社会的那些收益或损失。私人的收益 / 成本与社会的收益 / 成本之间如果出现了不一致，那就意味着存在一个第三方，未经同意获得了某种收益或付出了某种成本。只要财产权没有得到很好的界定或者未能得到有效实施，这种不一致就必定会出现。如果私人成本超过了私人收益，那么个人通常不愿意去从事经济活动，哪怕那对社会来说可能是有利的。本书将通过分析一系列历史事件来说明关于财产权（的界定和实施）的各种情况。

在这里，不妨先以远洋运输和国际贸易的例子来初步说明。航海者没有办法实时确定他们所在的位置，这是远洋运输和国际贸易发展的一个主要障碍。要确定位置，需要拥有关于两个坐标（纬度和经度）的知识。人类很早就懂得怎么确定纬度了，那就是，只要测出对北极星的仰角即可，但是当人们位于南半球时，北极星会隐没在地平线以下，那时就无法应用这个方法了。为了找到一个替代的可行方法，葡萄牙的亨利王子（Prince Henry）召集了一批数学家来研究这个问题，他们发现，测定正午太阳的高度角，再结合太阳赤纬表，就可以得到所需的纬度信息。不过，测定经度就困难得多了，因为那需要一台能够在漫长的远洋航行过程中一直都能够精确运行的计时器。为此，西班牙国王腓力二世（Phillip II）发布了一个悬赏公告，对发明这种精密计时器的人奖励 1 000 金克朗。荷兰立即跟进，把奖金提高到了 10 万弗罗林。英国 ① 提出的赏金则是，根据发明出来的精密计时器的精度，给予发明者一万至两万英镑的奖金。这个悬赏一直到 18 世纪仍然有效，最后由约翰·哈里森（John Harrison）获得，他为了解决这个问题耗尽了大半人生。精确测定轮船所在的位置，能够给社会带来巨大的收益，这种收益可以用轮船遭受的损失的减少和国际贸易成本的降低来衡量。然而我们不妨先问一个问题，倘若当初规定了一种"产权"，让发明者的收入与轮船损失的减少和贸易成本的下降额挂钩，那么这个领域的突破会不会发生得更早一些呢?（当然，发明者也要自行承担研究的高成本和不可能预知自己一定能找到解决方法的不确定性。）向数学家们支付报酬、为发明者提供奖金，都只是激励人们去努力探索的权宜之计，而如果制定一项专门的法律，为包括新思想、发明和创新在内的知识性财产确立排他性的财产权利，就可以提供一般性的激励了。如果没有这种财产权制度，也就很少有人会为了社会利益而拿私人财产去冒险。

---

① 在这本书讨论的那个时期（公元 900—1700 年），现代意义上的英国还未完全形成（英格兰于 1536 年与威尔士、1707 年与苏格兰、1801 年与爱尔兰合并），本书中所说的"England"从地域上主要指现在的英格兰地区（有时也包括威尔士地区）。不过讲述英国历史的书，通常也直接把"England"称为英国。为了便于读者阅读，中译本遵从惯例，大多将"England"译为"英国"，但需要注意的是，正文和图表中与英国相关的数据，都是不包括苏格兰地区（以及爱尔兰地区的）。——译者注

至于实施财产权的方法，同样也可以通过远洋运输的例子来说明。在好几个世纪的时间里，海盗和海上武装私掠者虽然令人憎恶，但他们是唯一能够一贯地从贸易中获得好处的人。海盗的威胁不仅增加了贸易的成本，而且缩小了贸易的范围。一个解决的办法是向海盗行贿，例如，英国在很长的一段时间里，就是通过这种难登大雅之堂的方法来防止北非海盗劫掠航行在地中海上的英国商船的。行贿可以说是"有效率的"，因为总的来说，通过在地中海地区自由贸易而获得的收益的增量，超过了向海盗行贿的成本，这就可以使整个国家的境况得到改善，而且在许多时候，行贿这种办法确实比出动海军为商船护航成本更低。

在同一个时期，确实有一些国家采取了出动海军护航的办法来保护远洋运输，还有一些国家甚至成立了专门的海上巡逻舰队。海盗的最终消失，无疑是各国海军以武力手段保护财产权的结果。

我们的第三个例子是关于未能得到完善界定的财产权的，它取自近代初期西班牙的土地政策。当时在西班牙，随着人口的增长，土地日益变得短缺起来，增进农业效率的社会收益率提高了，但是私人收益无法随之提高，因为此前国王已经授予"羊主团"（Mesta）以他们熟悉的传统方式在西班牙放牧羊群的专有权。那些本来打算精心备耕、全力培育庄稼的土地所有者也都预料到了，到处迁移的羊群随时都可能会吃掉或踏坏自己的庄稼，既然如此，他们又怎么可能继续努力在土地上耕种呢？在这种情况下，这些形式上的所有者并不享有对其土地的专有权利。

不过，对于那些有强烈好奇心的读者来说，这些例子可能只会带给他们更多的疑问而不能给他们提供答案。为什么各个国家没有更早确立对知识财产的财产权利？为什么要听任海盗横行？为什么西班牙国王不废除"羊主团"的特权、确立对土地的绝对的无限制的财产权呢？

在第一个例子中，我们可以总结出两个可能的答案。第一个可能的答案是，从船主的角度来看，当时人们想不出办法让船主把自己因为轮船在远洋航行中的安全性提高而得到的收益中的一部分支付给发明者（这是一种"技术上的限制"）；第二个可能的答案是，从发明者的角度来看，当时所付出的成本可能超过了一项潜在发明所能带来的预期收益。

在第二个例子中，在一开始，向海盗行贿要比肃清海盗更合算，因为相关国家甚至在支付了贿赂款之后也可以获利。后来，人们发现护航是一个更好的解决方案。随着贸易规模的扩大，最终证明彻底清除海盗才是真正成本最低的选择。

在第三个例子中，我们试图回答上面提出的问题时要考虑到，西班牙国王的收入有很大一部分是来自"羊主团"的，同时他能否从废除"羊主团"的特权中获得好处在当时并不明确。虽然这种变革能够使整个社会的收入有所增加，但是国王的收入则不一定——土地税的增加减去重新界定财产权的成本和征税成本可能还不如（至少在短期内）来自"羊主团"的传统收入。那么，那些陷入困境的土地所有者为什么不采取英国人应对海盗的策略，即向"羊主团"行贿，请他们不要让羊群经过自己的土地呢？这里的困难在于经济学中所说的"搭便车"问题。发动所有土地所有者这样去做的成本要大于预期收益，因为每个人都会避免由自己出钱去行贿，只希望从其他人的行贿中获益。

这样一来，我们就发现了两个普遍的原因，它们解释了为什么在历史上财产权利不能演进到使个人收益与社会收益相等的程度。

（1）可能缺乏必要的技术去阻止"搭便车"和／或强制第三方承担其应承担的在交易成本中的份额。例如，在早期，单个陆路商人很容易遭受隐身于俯瞰着商路的城堡里的领主的劫掠，他们为了防范这种事情发生需要付出的成本比向领主行贿或交纳通行费高得多。但是到了后来，火药和火炮的出现，使得这种城堡变得不堪一击，从而大幅降低了实施这类财产权的成本。这种推理在今天仍然适用。技术方面的限制，使得我们在确立和实施在发明和创新方面的财产权利以及在像水和空气这样的自然资源上的财产权利时碰到了类似的困难，要付出非常高昂的成本。为了使个人收益接近社会收益，保密、报酬、奖金、版权和专利法等方法，在不同的时代相继被发明出来，但是将第三者排除在受益范围之外的技术，直到今天仍然是成本高昂且不完善的。

（2）对于任何团体和个人来说，创设和实施财产权的成本都有可能会超过收益。上面列举的这几个例子已经充分说明了这一点。海盗和海上武装私掠者造成的损失，可能比武装护航的成本或出动海军发起进攻的成本更低。类似地，在考虑要不要废除"羊主团"的特权、确立土地的私有产权并根据土地的产出来征税时，西班牙国王不仅要面对最终能够得到多少财政收入的不确定性，而且要承担重新组织的成本和征收土地税的已知成本，这些超过了实施这种改革可以带来的收益。

　　如果伴随着财产权而来的排他性和实施都可以免费得到保证，即无须任何交易成本，那么要实现经济增长将会成为一件非常简单的事情。每个人都可以得到自己的行动的收益，也会承担相应的成本。如果为增加产量而进行的创新（包括新技术、新方法以及组织的改进等），将某种成本强加给了他人，那么创新者应该、事实上也必须补偿受损者。如果他在做到了这一点之后仍然能够使自己的境况变得更好，就在真正意义上实现了社会改进。不过，一旦我们回到交易成本为正的现实世界里，实现经济增长的问题就会变得更加复杂。当我们认识到，在一项财产权的初始创立与该财产权一旦确立后的运行之间，不可避免地要进行一些调整时，经济增长问题就显得更加不确定了。财产权终究要嵌入一个社会的制度结构之内。新财产权的创立需要新的制度安排，它规定和明确了不同经济主体之间合作和竞争的方式。

　　我们应当特别注意这样一些制度，它们能够使经济主体实现规模经济（如创办股份公司、新型企业）、鼓励创新（如奖金制度、专利法）、提高要素市场的有效性（如圈地、汇票的出现、废除农奴制），或者减少市场不完全性的影响（如保险公司），这类制度安排起到了提高效率的作用。有的制度安排无须改变现行的财产权便可创造出来，有的制度安排则包括在新财产权的创造过程之中；有的制度安排必须由政府完成，有的制度安排则是由自发性的组织创造的。

组织的建立，无论是由政府进行的还是民间自愿完成的，都需要付出实实在在的成本。成本的高低往往直接与必须加入协议的人的数量有关。在组织是自愿成立的情况下，退出也是自愿的，但是如果组织是政府创办的，那么退出就只能通过迁移出"政治单位"来实现了。举例来说，如果一家股份公司的某个入股者不再认同该公司的政策，那么他可以卖掉他的股份另组一家新的股份公司。但是，如果他与其他人一起制定了一项分区法规（zoning ordinance），那么他的财产的可能用途就会受到限制——只要他拥有那份财产，他就不能随意脱离这项法规的规定行事，除非他决定去改变法律，但改变法律本身当然也是一件成本高昂的事情。

考虑到这些实际成本，除非创造新的制度安排所能带来的私人收益有可能超过成本，否则，新的制度安排是不会被创造出来的。对于这个"公式"，我们应该马上提出如下两个重要的警告。（1）设计新的制度安排需要时间、思想和努力（即需要付出高昂的成本），但是由于其他人可以模仿新的制度形式而不用补偿新的制度安排的设计者，所以在私人的收益／成本与社会的收益／成本之间将会出现很大的差距。（2）当由政府制定解决方案时，会带来额外的成本——未来可能无法摆脱现在做出的决定的成本，也就是说，这种情况下的退出成本要高于自发性组织情况下的退出成本。这两个警告都要求我们对政府及其在经济组织中的作用加以更加深入的讨论。

　　大体上，我们可以把政府简单地看作一个为人们提供保护和司法并收取税收作为回报的组织，也就是说，我们出钱"雇用"政府创立和实施财产权。虽然我们可以设想由自发性组织在有限的范围内保护财产权，但是确实很难想象没有政府权威就可以有效地在更大的范围内推广和实施这种财产权。至于原因，我们不妨这样考虑。自从游牧生活让位于农业定居以来，我们人类发现有两种方法可以获得自己需要的产品和服务：一种是将它们生产出来；另一种是从别人那里把它们"窃取"过来。在后一种情况下，强制是财富和收入再分配的一种手段。面对掠夺者的威胁，产品和服务的生产者做出的反应是在军事防御上进行投资。但是，当人们构筑好堡垒、征募来士兵之后，"搭便车"的幽灵也就随之而至了。由于堡垒和军队几乎不可能只保护某些特定的村民而不保护所有的村民，因此对每一个人来说，让自己的邻居出资在军事防御上进行投资，是对自己最有利的（如果这种"捐献"是自愿的话）。也就是说，作为公共物品 ① 的一个典型例子的安全防卫，也同样涉及

① 公共物品是这样一种物品：一旦生产出来，人们就不可能不"享受"它。例如，如果要保护一个村庄，就不能不把所有的村民都保护起来。在知道了这一点之后，每一个村民都会极力逃避为村庄防卫出钱。这种情况也就是通常所说的"搭便车"问题。

如何将第三方排除出受益范围的问题。最有效的解决方法过去是、现在仍然是：建立有权威的政府机构，并向所有的受益者征税。

提供司法和实施财产权，都不过是政府提供的公共物品的又一个例子。一个"有序社会"的必要条件集中体现为一组成文的或不成文的"游戏规则"。封建庄园的习惯法（我们将在讨论中世纪社会的章节中加以考察）是由先例主导的；成文的宪法性文件，一直要到较晚近的时期才开始出现。在历史上，这类制度安排，从粗线条的最基本的法律的形态（在这种形态下专制主义统治者占支配地位），到像 1787 年在美国费城制定的那种对各种权力进行明确划分的详尽无遗的宪法，可以排列成一个完整的"光谱"。这些基本的制度，为各种专门性的或辅助性的制度安排（即一个社会的具体的法律、规章和习俗）提供了基础，从而减少了不确定性。

总之，我们应当可以观察到，政府能够以比自发性组织更低的成本界定和实施财产权。我们还可以观察到，随着市场的扩大，这种收益会变得更加显著。因此，各种自发性群体都有很强的激励（除可以解决"搭便车"问题之外）用自己的一部分收入（即税收）去交换政府对财产权的严格界定和实施。

然而，并没有什么东西能够保证政府一定会认为，保护那些能够增进效率的财产权（即提高经济活动的私人收益率，使之趋近于社会收益率），与反对那些只能阻碍经济增长的财产权，同样对它自己有利。我们已经在前面举的西班牙的"羊主团"的例子中看到了这种情况。与之类似，君主也可能发现，通过出售某种可能会阻碍创新和要素流动（从而阻碍经济增长）的专有垄断权在短期中对自己非常有利，因为他直接从这种出售行为获得的收入要比任何其他来源的收入更多，也就是说，经济结构重组的交易成本将会超过直接收益。我们将在本书第八章探讨这个问题的理论方面。欧洲各个经济体在封建制度消亡后所取得的成功的程度，随各民族国家（nation-state）的财政政策与财产权之间的关系的不同而不同。因此，我们首先要考察税收结构在早期（13 世纪至 15 世纪）的演变过程，不难发现，民族国家的源头及其紧迫的财政困境都是在那几个世纪出现的。

现在，我们把以上内容总结一下。如果产出的增长比人口的增长更快，那么可以实现经济增长。在给定如前面所述的关于人们的行事方式的假设的前提下，如果财产权利的制定安排能够使得对于个人来说进行某种从社会的角度来看属于生产性的活动是更加合算的，那么经济增长就能实现。这种财产权的创立、规定和实施都是成本高昂的，且在一定程度上受技术和组织状况的制约。只有当私人的潜在收益增长到超过了交易成本时，人们才会努力为创立这种财产权进行种种尝试。政府承担起了保护和实施财产权的工作，因为政府为了做到这一点需要付出的成本要低于私人自愿团体需要付出的成本。不过，政府的财政需求也可能导致政府保护某些不能促进经济增长反而会阻碍经济增长的财产权，因此，我们不能保证生产性的制度安排一定会出现。

我们还要回答一个问题：某些财产权为什么在某个时间点上创立是无利可图的，而在稍后的时间点上却能证明在经济上是合理的。显然，到了后来，从发展新的制度和财产权中获得的收益相对于这样做的成本必定已经大为增加了，从而使得创新变得有利可图。因此，对影响收益－成本关系的那些参数进行分析，对我们的研究来说是至关重要的。制度创新是西方社会兴起的原因，导致制度创新的主要参数变动就是人口的增长。下面，就让我们考察一下这个参数在历史上是怎样发挥作用的。

第二章

全书概览

　　我们只能考察历史的某些重要时刻，因此在考察过程中不可避免地要破坏历史的基本连续性。我们选择从 10 世纪开始考察。在那个时代，随着加洛林王朝（Carolingian Empire）的衰亡，西欧的许多地方都已经形成了封建社会和庄园制度。既然我们给出的解释的关键是制度安排的演化，我们先在这里引用《剑桥中世纪简史》（*The Shorter Cambridge Medieval History*）中的一段阐述，以便尽可能完整准确地描述封建制度，这样做应该是值得的。

　　虽然充分发展的封建制度在很大程度上是破坏更古老的政府和法律的结果，但是它既继承了过去的法律，又通过迅速发展的以现实为依据的"习俗"创造了法律。在一定意义上，封建制度可以定义成一种以公开的或隐蔽的契约为基础的社会安排。一个人的地位无论从哪个角度来看都依赖于他与土地的关系，但是土地保有权制度（land-tenure）又决定了政治上的权利和义务。构成封建契约的行为被称作效忠（homage）和封赏

（investiture）。佃户或封臣（vassal）在领主的"法庭"（curia）上跪在领主面前，双手交叠放在领主的手间，这样便成了领主的"臣仆"（"man"）（homme 这个词来源于 homage）。他还要进行保证履行特定义务的忠诚宣誓（fidelitas）。当然，这个程序是古代的颂扬仪式的发展和专门化。领主以封赏作为回报，授予（即"封给"）封臣一面旗帜、一根权杖、一块土地，还有一份特许状或其他可以表明已授予封臣财产和官职的标识。这实际上就是通常所说的采邑（feodum 或 lehn），只不过更古老的封地（benefice）一词逐渐废弃不用了。这是自由的和有荣誉的保有权，其特点是要为领主服军役。农民无论是"自由农民"还是农奴，都同样要对其领主宣誓效忠，并由领主将其拥有的地产授予他们。这样形成的封建关系实质上包含了一种对等性。

然而，经济活动是围绕着庄园进行的。我们依然引用《剑桥中世纪简史》来对这种制度的复杂性做一简要的描述。

最有特色的庄园型村落是英国的"庄园"，虽然这种庄园形式分布的范围最窄，但是组织最严密，持续时间也最长。它包括经济的和行政的两个不同的部分，并力求达到两个密切相关的目标，即村民的生存，以及领主的利润和权威。乡村共同体是一切的根基。在我们这个简要的叙述中，只能给出一个大体上的描述，实际上则存在着非常多的变化。一个标准的村民（"乡

村农奴"（villanus villein））应当拥有一块 30 英亩的地（yardland
或 virgate)，或者只拥有一半的地，即一博瓦塔（bovate）地
（合 15 英亩的地）。① 这些土地是条状的，散布在庄园的三块
或两块"敞地"（open fileds）之上。庄园既可能与村庄合而为
一，也可能只是村庄的一部分。村民根据庄园的习惯法（即
它的"习俗"）在自己的"条地"上耕种：犁地、播种、收
割。一个村民想在"敞地"上独立耕作几乎是不可能的，每一
年都要从两块或三块地（如果可能的话）中轮流留出一块地来
休耕，并敞开来放牧牛羊牲畜，已耕种的地则用栅栏圈围起
来。他自己的牲畜，如果在一定数量范围之内，是可以自由
在"荒地"上放牧的，此外，他还拥有自己的牧草地。在"敞
地"上，佃户的"条地"与庄园领主自己保留下来"条地"——
"领地"（demesne）——错落相间。但是，一直存在着一种强大
的趋势，要从某个家庭农场中隔离出领主的"领地"来，也正
是在这种领地上，产生了村民为保有租地而必须承担的大部分
劳役。每个农奴家庭通常每个星期要在领地上干三天农活（一
个劳动力），这就是所谓的"周工"（week-work)，在领地上干
活时还要使用自己的犁和牛，此外还必须完成各种各样的其他
工作和搬运任务。佃农（cottar）拥有的土地要少得多，当然需
要承担的劳役也要少一些。在收割（包括割草和收割作物）的
高峰期，还需要承担各种各样的非定期劳役，对于这类工作，

---

① 博瓦塔（bovate）是封建法上的一种土地丈量单位，面积为 15 英亩，
字面含义为一牛一犁能够犁过的条状土地。——译者注

自由农民、农役佃户（socager）和其他人（以交付租金的形式或根据其他意味着自由契约的条款而占有租地的人）也要参加。不过，自由农民可以按农奴租佃制（villein tenure）占有土地。对于新开垦的土地（assart）或从荒地重新利用起来的土地，则通常不需要再承担同样繁重的农奴赋税。在庄园里，农奴和自由农民承担的各种赋税，要用家禽、鸡蛋和其他东西来缴纳。农奴除了被束缚在土地上之外，还要在自己的女儿出嫁时缴纳一笔奴役性罚金，即外婚捐（formariage），当他去世时还要缴纳租地继承税（heriot）——把自己最好的牲畜交给领主，这又称为死手捐（mainmorte）。农奴必须按领主的意旨交纳各种捐税，他的谷物必须堆放在领主的磨坊里。在法国，庄园的烘炉和榨汁机也都是封建领主垄断的专有品。偶尔农奴也会被推举为庄园的管事或担任管理庄园乡村经济的小官员。到了后来，农奴的负担随着"庄园的习惯法"的发展而有所减轻，最使农奴苦恼的苛捐杂税已经在一定程度上固定下来了，而且他的财产的继承得到了保证。另外，他可以像自由农民一样在庄园的法庭上出庭，"庄园的习惯法"及其执行情况是在法庭上宣布的。许多庄园的领主都会派管家或代理人收取利润，征收农业产品，作为他定期居住的住所的给养。总而言之，村民们除了维持自己的生存之外，还要通过他们的劳动为军事统治阶级和神职人员提供生活用品，这两类人所能为他们提供的，通常只不过是一些微不足道的安全、司法和教化"服务"罢了。

因此，"庄园的习惯法"已经发展成了不成文的"宪法"，或者说已经变成了这种社会中的一种重要的制度安排。这种社会实质上是无政府的，最适当的说法是，它是由一个个孤立的定居点组成的，每个定居点通常有一个堡垒来保护它，四周则全是荒野。用木头堆成的或用土垒成的城堡、骑士以及相对自给自足的庄园，是对社会秩序瓦解以及诺曼人（Norsemen）、穆斯林和马扎尔人（Magyar）频繁入侵的最有效的反应。虽然外国掠夺者引起的恐惧到了10世纪中期已经渐渐平复了，但是随着当地领主权力的兴衰，这片土地上战争和盗抢事件仍然接连不断。封建主义制度为这个分崩离析的世界提供了一定的稳定和秩序。在任何地方，只要安全有了保障，人口就会开始增长。一旦人口增长使得庄园人满为患，就一定会有新的土地被开垦出来，并在一个新的领主的保护下耕作。从北部和西部开始，整个欧洲都出现了移民潮。移民们逐渐充塞了整个荒野，挤压了盗匪可以藏匿的空间，使得越来越多的地域处于领主及其封臣的保护之下。当然，在不同领主之间，战争确实仍然时有发生，不过渐渐地——非常缓慢地——冲突减少了，混乱终于让位给了有序。

欧洲不同部分之间的商业往来一直具有潜在的共同利益，因为各地的资源和气候条件不同，种植的庄稼和牧养的牲畜也各不相同。但是在以往，贸易只是偶尔发生的，因为荒野上的危险因素实在太多了，行商的生命财产随时都会受到威胁。现如今，随着和平和安全的恢复，交易不同产品的获利空间也回来了。逐渐地，在人口稠密的定居区域，城镇出现了。有的城镇处于领主的保护之下，还有一些城镇则是作为独立的实体而存在的，它们有自己的墙垣、政府和军事防卫设施。各种手工业在城镇中发展并繁荣起来了，它们生产出"制成品"，与农村交换城镇所需的粮食和原料。

于是，自给自足经济开始向更加专业化的生产转变，这与贸易的不断增长一起，削弱了以往的封建庄园关系的效率。在以前，大领主要求自己的封臣每年服 40 天的军役，现在他们却更愿意选择收取一定数量的货币，即征收军役免除税（scutage），以便自行雇用他所需要的军队了。在免除了封臣的严格的军事劳役后，封臣就可以更有效率地从事自己的专业活动了。

就庄园而言，一旦用货币给付取代了劳役，即征收代役税（commutation），那么无论是领主还是农奴，都可以在消费和交易上获得很大的灵活性。

11 世纪和 12 世纪贸易和商业的复兴，不仅使得城镇的数量激增，而且带来了一系列旨在降低市场不完善性的制度安排。新城镇成立了自己的政府来管理行政事务和提供保护，同时也发展出了一整套法律来裁决各种新情况引起的争端。这是一个必然的趋势。随着人口的不断增长和贸易的持续扩展，意大利北部、德国中部和佛兰德斯（Flanders）的诸多城镇，都变成了繁荣的商业中心。

但是，到了 13 世纪，有一个变化越来越明显了。最好的土地已经全被占用了，新来的移民不得不依赖于贫瘠的土地，或者必须以更加集约的方式利用现有的耕地。一个年轻一代的劳动者已经不能生产出像他的父辈所能生产的那么多的东西了，因为他不可能占有那么多的土地。需要大量土地来生产的那些产品（即农业产品）的价格，相对于其他产品上升了。相反，由于劳动力相对来说已经增加得更加充裕，劳动密集型产品在价格上相对于土地密集型产品出现下降。传统的封建庄园的契约安排，由于贸易和货币经济的发展早就发生了变化，现在则有了进一步变革的更强的激励。因为土地变得更加值钱了，无论是领主还是农民都有理由去寻找排他性更强的土地利用方法，同时对他人利用自己的土地施加更多的限制。同样的原因，农业劳动者现在的产出相对来说更少了，他们的收入也就出现了下降。"庄园的习惯法"限制了可能发生的变革，但是这些新情况确实已经引发了许多努力，这种努力的目的是改变现有的契约安排，使得土地利用的排他性更强。这些新的经济条件，给了领主在与农奴商议新的契约安排时更大的"讨价还价能力"。因此正如我们不难预料的，劳动力数量的相对增加的后果是，劳动者生活水平下降。食物变得更加昂贵，因而劳动者的实际收入减少了。

虽然在 13 世纪，农民的生活水平无可避免地出现了下降，但是与此同时，贸易和商业扩张的画卷却逐渐展开了。以威尼斯为首，意大利的各个城市把它们的贸易路线扩展到了整个地中海，然后沿大西洋海岸进一步延伸，甚至直达不列颠等地。法国的香槟集市、佛兰德斯的羊毛贸易商、德国的各矿业城镇和商业中心，都是这个商业发展大潮中的积极参与者。商业的这种发展，极大地促进了银行业和商业制度安排的改进。

在整个 13 世纪里，由于农业劳动收益递减，人口增长的速度一直高于产出的增长速度。这种情况的第一个显著后果是，造成了 1315—1317 年的大范围的饥荒。但是，后果更严重、持续时间更久的则是瘟疫，1347—1351 年鼠疫和肺炎在整个欧洲蔓延。此后，瘟疫进一步变成了地方性的传染病，各种各样传染病的反复传播，使得城市和乡村的人口大为减少。

人口减少究竟达到了什么程度？虽然没有精确的数字可以引证，但是看起来，人口的下降似乎持续了整整一个世纪。最后导致的结果是，产品和要素的相对价值完全颠倒了过来。土地再次变得相对充裕，劳动力则变得相对短缺因而也变得更有价值。在各个地区，位置偏远的土地都不再用于生产，还有一部分土地则不再种植谷物而改成了用于牧养牲畜，因为后者需要更加广阔的土地。欧洲各地的实际工资都有所上升，尽管为了控制这种势头人们采取了很多政治措施。当时刚刚开始出现的非常初步的统计数字表明，这种经济状况是相当普遍的。①图 2-1 就是根据这些统计数字绘制的，它表明了农业产品价格

---

① 我们需要提请读者注意的是，定量数据不仅非常少、质量不稳定，而且通常只是关于范围相当小的某个地理区域的。我们的目的是用有关资料来说明更大的地理单位的主要趋势，因此，只有我们确信这种定量数据确实能够反映更普遍的趋势时，我们才会使用它们。

的相对下降、工资率的相对上升以及由此导致的实际工资的提高。

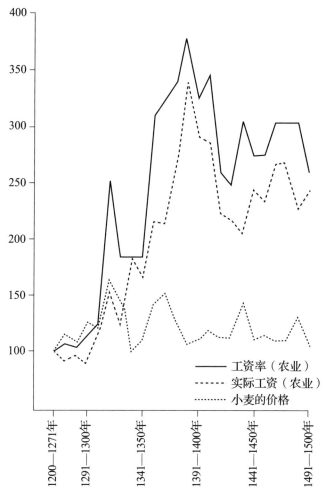

图 2 - 1　英国的劳动工资和小麦价格：1200—1500 年

资料来源：J. E. Thorold Rogers, A History of Agriculture and Prices in
　　　　England: 1261-1400, vol. 1（1400-1500）, p. 245, vol. 4, p. 292;
　　　　wages, Lord Beveridge, "Westminster Wages in the Manorial
　　　　Era", The Economic History Review, 8, no. I（August 1955）.

注：中间缺失的观察点是利用内插法补上的。

地租下降使得地主的处境变差，同时劳动力的短缺提高了劳动者的讨价还价能力。在这个因素的影响下，庄园制下的主人－仆从关系逐渐消失了。租约得到了延长，农奴开始获得对自己占有的土地的排他性权利。只有在领主们能够有效地进行串谋而不是为了获得劳动力而相互竞争的那些地区，比如说在东欧，他们才能阻挠其仆从改变地位（和收入）。

在乡村地区，虽然庄园制的束缚力正在逐渐消失，但同样是人口下降这个因素，对贸易和商业也产生了不利的影响。契约化的市场削弱了努力减少市场不完善性的激励。除了意大利银行业这个例外（在意大利，佛罗伦萨的美第奇银行当时正步入快速发展期），当时发明出来的一些制度安排就其性质而言更多是"防御性"的，主要是为了维持现有的市场、垄断贸易，并防止新的从业者进入（和竞争）。汉萨同盟（Hanseatic League）作为一组相互贸易的城市结成的一个联盟，似乎就是这种性质的防御性安排，只不过范围扩大到了国际上。同时，各城市中手工业行会的兴起，也反映地方上出现了相同的趋势。

到了 15 世纪后半期，人口又重新开始增长，在那个时候，封建社会的基本结构已经瓦解了。这是一个不断侵蚀的过程，当下一轮人口扩张期到来，对资源的"马尔萨斯压力"重新积聚之际，这个过程终于完成了。图 2-2 和图 2-3 显示了 16 世纪农业产品价格上涨和实际工资下降的基本轮廓，显然，在某些方面，它重复了 13 世纪的情况。但是，两者之间确实存在着一些重要的差异。造船技术和导航技术的改进，大大便利了探险活动，这种探险活动在新大陆发现和殖民大潮中达到了高潮。

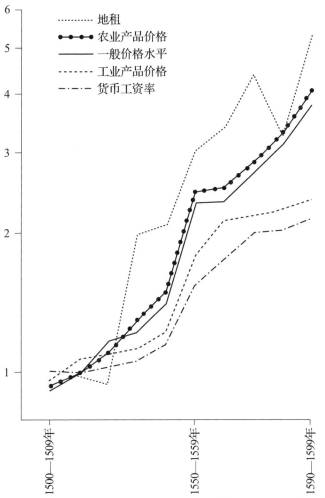

图 2 - 2　英国的地租、农业产品价格、一般价格水平、工业产品价格
和货币工资率：1500—1600 年

资料来源：Joan Thirsk, The Agrarian History of England and Wales, vol.
4, 1500-1640（Cambridge University Press, 1967）, pp. 862,
865; Eric Kerridge, "The Movement of Rent, 1540-1640", The
Economic History Review, 2nd series, 6（August 1953）, 25.

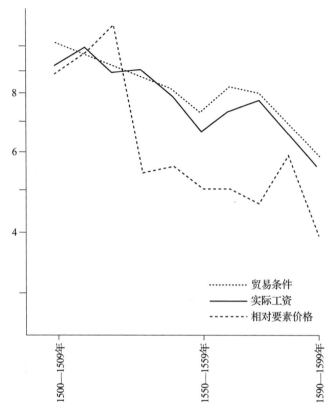

图 2 - 3　英国的实际工资、贸易条件和相对要素价格的指数：
1500—1600 年

资料来源：E. H. Phelps-Brown and Sheila V. Hopkins, "Wage-Rates and Prices:
Evidence for Population Pressure in the Sixteenth Century", Economica,
24, no. 96, p. 306; and "Seven Centuries of the Prices of Consumables,
Compared with Builders' Wage-Rates", Economica, 23, no. 92, pp.
311-314.

当时，财产权结构虽然仍处于演变当中（特别在荷兰和英
国），但是基本框架已经成形，使得生产性的制度安排开始出
现。其结果是，在 17 世纪，"马尔萨斯反作用"的危害远远低

于在 14 世纪时的危害，因为向新大陆的移民和生产率的提高这两个因素都可以缓解农业收益递减的影响。

但是，我们已经提前说出了我们的故事的结局。农业产品价格的提高以及由此导致的地租的更快提高，促使人们再度发力，清除了土地共有产权制的一切残余。英国进入了圈地运动时代，为这个时代提供支撑的基本法令，做出了一系列有利于财产的转移和保护农民的规定。

16 世纪同样是一个商业扩张的时代。要素禀赋差异的扩大，推动了贸易的发展，因为在东欧，土地相对于人口仍然是充裕的，而在西欧，不断涌现的城镇已经成了各种需要专门技艺的行业和制造业的中心。此外，来自新大陆的财富（白银），源源不断地涌入了里斯本、加的斯、波尔多、鲁昂、安特卫普、阿姆斯特丹、布里斯托尔和伦敦等城市，进一步滋养了原本就已经在快速成长的国际市场。由此导致的一个结果是，股份公司以及其他旨在化解资金筹集困难和经营风险，从而减少市场不完善性的制度安排得以创立并推广开来。随之而来的是另一个合乎逻辑的步骤：创立一个法律体系，以便为无形资产的所有和交换等方面提供更有效的产权保护。

在一个现代读者的眼中，这个进步似乎很简单，实际上当然远非如此。其实，在看到了我们在上一章中举的那几个例子之后，读者就应该有了心理准备：在这个时期，不同地区实际出现过的形形色色的试验彼此相去甚远，其中还有不少是非常不明智的开端。

作为其他一切变革的基础的，是市场经济扩展所引发的民族国家的形成及其演化。在封建社会里，国家是四分五裂的，坚固的城堡和装备了盔甲的骑士成了国防安全游戏中的主要棋子。在这些逐渐让位于新型军事技术（如弩、长弓、长矛和火药）之后，最有效的军事单位的最优规模逐渐增大了。为了保证效率，庄园必须扩大成为一个共同体、一个国家，并且要想生存下去，国家必须获得远远多于它从传统的封建收入来源所能得到的财政收入。因此，各个国家的领袖们为了获得更多的税收，就必须鼓励、增加和扩大贸易。以往，封建城堡不可能为远程贸易提供足够的保护，但是现如今出现的更大的政治单位或联盟，却可以更加有效地将发展商业所需要的商路置于保护之下。

由此，贸易的增长成了欧洲每一个君主最关注的压倒一切的头等大事。封建社会向民族国家的转变，是一个由各种因素拼缀而成的过程，充斥着阴谋诡计、结盟、背叛、抄没财产、条约、巧立名目开征的各种税收。最后出现的国家的类型，则取决于君主在宣布政府拥有垄断权力时实际可以运用的权力，这反过来又会在不断发展的经济的结构上留下不同的印记。

在法国和西班牙，君主制逐渐夺取了代议制机构的权力，这两个国家的税收制度（和税负水平）提高了地方性和地区性垄断的程度，阻碍了创新和要素的流动，从而导致生产性的经济活动水平的下降——在法国出现了相对下降、在西班牙出现了绝对下降。[①] 相比之下，在荷兰，经济形势的变化导致了商人寡头制的出现；在英国，议会在经历了多年内乱之后终于确立了对王权的支配地位。在这两个国家，都实现了持久的经济增长，究其根源则在于它们形成了一个适宜的环境，这种环境不仅促成了具有如下特征的财产权利——继承权完全不受限制的土地所有制、可以自由流动的劳动力、对私有财产的保护、专利法和其他鼓励知识产权的制度，而且促成了一整套能够减少产品市场和资本市场的市场失灵的制度安排。

我们讲述的故事到18世纪开始时就结束了。当然，到那个时候，能够使私人收益率足够接近于社会收益率的所有基本条件都已经创造出来了，生产率的提高已经成为荷兰和英国（以及北美新大陆）的制度的内置特征。到了下一个世纪，这些地区的这些条件导致了一场技术革命，这场革命随后逐渐蔓延到了欧洲其他许多地区以及许多海外殖民地。

---

① 因为17世纪各个国家的价格序列（price series）是不同的，我们将这个问题的讨论放到后面第九章进行。

第二篇

公元 900 年至 1500 年

第三章

对土地和人的财产权利

在详细考察这六个世纪之前，我们应该先对前两章隐含的解释性理论加以更准确的说明。

只有当某种资源相对于社会需要变得日益短缺时，才会出现改变关于该资源的财产权利的压力。我们的历史考察是从 10 世纪着手的，在那个时代，社会上的土地供应充足，因而不值得多耗费成本去发明关于土地利用的排他性权利。当别人占用了某一块地时，你总可以找到更多的地。因为广大乡村地区每时每刻都面临着维京人（北欧海盗）、穆斯林、马扎尔人以及本国的盗匪等掠夺性团伙的骚扰的威胁，所以受到了城堡和受过训练的士兵很好的保护的土地才是更有价值的。这种土地从庄园制度刚开始出现的那一刻起，就不完全是经济学家所说的那个术语意义上的"共同财产"资源。习俗和惯例限制了对土地的使用，从而可以防止"共同使用"一词所隐含的过度放牧和其他形式的对土地的危害。① 稍后我们就

----

① 如果是一项"共同财产"资源，那么每个使用者都有很强的激励去尽量使用它而不顾及其他使用者的需要，结果就会导致对资源的持久的破坏。在土地上过度放牧、在海洋中滥捕滥捞，就是这方面的典型例子。既然没有人拥有该资源，就没有人有激励去保养资源或提高资源的利用效率。

会看到，随着土地变得越来越稀缺，庄园制度对土地的用途的管制将变得更有限制性。

庄园经济还包括另外两个基本元素：保护的功能和劳动的角色。提供保护是庄园经济的第二个基本元素。在这方面，防备森严的城堡和具有专门作战技术的武装骑士，为地方上提供了安全，这是只装备了简陋的原始武器、没有军事技能的农民群体绝对无法相比的。此外，在对付"抢了就跑"的流寇性质的敌人时（无论敌人是从海上还是从陆上入侵的），当地的领主和城堡要比远在天边的国王和国家军队更加直接得力，提供的保护措施也更加令人安心。那个时代动乱频仍，再加上当时的军事技术的特点，使得由庄园等封建实体保护成了最有效的保护模式。领主和他的骑士们，是专门"生产"保护和司法的；他们所消费的东西，则要依赖农奴通过劳动来提供。维京人（北欧海盗）、穆斯林和马扎尔人在早期经常选择的一个谋生之道是，抢劫其他共同体的劳动产品。另一个谋生之道则是——维京人（北欧海盗）自己最后也采用了这种方法——以契约的形式包下他们自己的居所附近地区的"劳动（产品）"，这种契约安排的形式我们在上一章中已经描述过了，不过下面很快还会加以更加详尽的讨论。

庄园经济的第三个基本元素是劳动。对这个元素的考察，涉及对那个时代关于人的财产权的性质的考察。有的人可能会问，为什么封建时代的领主没有直接让农民成为奴隶，完全依附于自己？其中一个原因是，由于当时劳动力稀缺，领主们为了得到劳动力一直在相互竞争，所以一个受到压迫的农民要逃到邻近的、他有望得到一个更好的契约的城堡中并不十分困难。其次，要将一个自给自足的庄园经营成一个有活力的经济系统，要完成多种任务，而指挥和监督奴隶去从事这些任务要耗费相当高的成本。① 简而言之，如果（1）实施成本高昂，且（2）监督成本相对于不采用奴隶制（而采用农奴制）时更高，那么奴隶制就不是一个最有效的制度。在选择了农奴制的情况下，虽然农奴同样生来就有一个他自己不能改变的地位，但是农奴制因为不需要付出太多的实施成本和监督成本，因而是有效率的。这里的原因在于：农奴需要为领主服完一定数量的劳役（即从事自给自足的庄园经济的各种活动），作为交换，在完成了这些任务之后农奴就可以利用其余的时间为自己进行生产了。确实，农奴在领主的领地上劳动时会想方设法"偷懒"，但是正如我们稍后将会看到的那样，这种情况至少部分会受到"庄园的习惯法"的制约——"习俗"要么明示、要么隐含地在契约安排中规定了，每小时必须有一定的产出量，违者要受到一定的惩罚。

那么，为什么领主要求农奴服劳役而不是直接占有农奴生产出来的产品中的一部分呢？答案很简单，那是因为当时还不存在有组织的产品（和劳务）市场。要想确定必须缴纳给领主的产品与在某个给定时期内对领主有隐含价值的特定产品的适

---

① 如果领主重复地大规模生产某种作物（例如，为在市场上销售产品而进行生产的那种大种植场就是如此），那么监督成本可能会足够低，使得采用奴隶制而不是农奴制在经济上更可行。

当组合，需要进行漫长且成本高昂的讨价还价，因为气候变化和很多其他因素都会改变它们的相对可获得性。在不存在有组织的市场因而无从获得价格信息的情况下，如果农民和领主双方同意通过交换彼此的服务来"生产"出各自想要的产品组合，就能使双方的境况都有所改善。对于那些供给基本不随时间变化的产品（如木材），或者很小或不可分的产品（如节日时享用的一只鹅），那么可以交付给领主一定的实物产品，那构成了这类协议的有效补充。但是一定要记住，这种契约安排的关键是用劳役来换取领主的保护，自然，附带而来的，还包括庄园法庭提供的另一个"产品"，即司法。① 只要社会混乱无序、土地充裕、军事禀赋有差异、劳动力稀缺这些初始的条件仍然成立，典型的庄园制就会一直存在下去。

然而，人口增长扰乱了这个制度。在考察这种情况是怎么发生的之前，我们必须先讨论一下决定人口规模的各种因素，即影响生育率和死亡率的那些因素。

在人类历史上，生育率总是倾向于超过死亡率，由此导致的结果是，尽管会出现因战争、瘟疫、饥荒和动乱而造成的暂时性的倒退，人口仍然得到了增长。如果只从经济方面来看，只要可以得到优良的土地，让新增人口可以像他们的先辈一样生产出同样多的东西，这个趋势就一定能一直持续下去。在没有发生战争的情况下，死亡率可能在中世纪的数百年

---

① 本书两位作者在另一篇论文中为经济学同行提供了关于庄园制的理论性更强的分析，见 "The Rise and Fall of the Manorial System: A Theoretical Model"，*The Journal of Economic History*，31, no.4（December 1971），pp. 777-803。

间都不会出现太大的变化，除非人口变得更加稠密、生活水平大幅下降，使得民众更容易受到饥荒的影响、更容易传染上像黑死病这样的瘟疫。只要土地仍然是充裕的，那么这些经济上的制约因素通常就只是短期性的。如我们在第一章中曾说过的，生育孩子的私人收益是很高的，它不仅很早以来就是劳动力的来源，而且是当时盛行的通过"大家庭制"来提供的社会保障的基础（即让身体健壮的人去照顾年老的人、年幼的人和病弱者）。这些收益明显超过了抚养孩子的私人成本（用需要付出的时间和耗费的资源来衡量）。简而言之，当可以把孩子视为一种资产时，生育率通常都是很高的，而在一个土地充裕的社会里，养育孩子的私人收益/成本与社会收益/成本几乎是相等的。但是，一旦所有的优良的土地都被占用之后，收益递减的情况就出现了，这时，私人收益/成本与社会收益/成本之间就会出现极大的差异。

显而易见，当收益递减迫使食物的实际成本上升时，以及当劳动的价值下降时，抚养一个孩子的私人成本就会上升，同时（他的未来的劳动的）私人收益也随之下降。但是社会成本上升得还要更多，因为新增的孩子会通过使总劳动供给增加，作用于收益递减本已引发的劳动生产率的普遍下降趋势之上，从而加剧人口拥挤状况，人口拥挤又会助长瘟疫的蔓延。当然，私人成本的上升和私人收益的下降，确实可能会促使家庭通过推迟结婚和采取原始的避孕措施等方法来降低生育率，但是与此同时，私人收益和社会收益之间的差异仍然会使得下降之后的生育率对社会来说仍然过高。我们在下文中还会回过头来讨论这个问题，不过在这里，暂且先让我们考察一下土地充裕的地区人口增长的后果。

在前面，我们已经指出，当本庄园人口日益拥挤达到了收益递减的程度之后，人口就会涌向那些尚未开发的地区。迁居到欧洲西北部的移民遇到的土地和气候各不相同，因而他们从事的农业活动的模式也必定各不相同。虽然邻近的庄园所提供的是几乎完全相同的产品和服务的组合，但是地区之间日益扩大的差异能够提高贸易的可盈利性。正是在这种情况下，城市复兴了（像在意大利那样），或者（像在佛兰德斯那样）发展成了利用某种专业技术来生产"制成品"的中心。这样一来，不同的要素禀赋（包括人力资本）组合模式提高了贸易能够带来的回报，从而鼓励领主将他们对商业的保护扩大到比当地乡村更广泛的地区。因此，净效应是，当时的人口增长和移民导致要素禀赋的差异日益扩大，这又提高了贸易所带来的收益，从而使得将对财产权的保护扩大到单个庄园范围以外变成了一种有利可图的行动。因此，贸易的广泛扩展（以及随之而来的，将货币作为计账单位的做法）改变了当初使得典型的庄园成为一种有效的制度安排的那种基本经济状况。

在有活力的市场制度发展出来之前，原来那种规定由双方分担投入的生产要素的协议，不仅为领主，而且为他们的封臣提供了成本最低的合意的消费组合。但是现如今，既然可以通过市场来交换产品了，既然可以用货币来计量产品了，那么通过契约建立工资制度、租金制度或股份制度显然意味着更低的交易成本。至此，庄园关系发生了不可逆转的变革。虽然"庄园的习惯法"减缓了这种变革的速度，但是由于市场已经存在了，领主和农奴越来越愿意将农奴每年要承担的各种劳役（labor dues）折算成货币给付，同时领主也越来越愿意将他们的领地出租。

与此同时，由于最好的土地都已经被开垦耕种了，人口的进一步增长迫使民众以更集约化的方式来耕作现有的土地，或者迁往比较贫瘠的土地。无论在哪一种情况下，土地和劳动力的相对价值都会发生变化，而且这种变化会对契约安排并最终对那些更基本的制度安排产生深远的影响。

我们先从劳动开始讨论。正如我们在前面指出过的，增加的劳动时数的价值会随着生产率的递减而下降，因为劳动者每个工时能够生产出来的农业产品要少于他的先辈。事实上，领主与农奴之间的契约安排也已经改变了。现在，劳役的人均产出变少了，而换取的公共物品——保护和司法——的数量却没有变。尽管领主拥有较大的讨价还价能力（因为劳动力现在变得相对充裕了），庄园的习惯法仍然限制着他，使他无法在短期内变更契约。不过，随着时间的推移（在没有发生通货膨胀的前提下），农奴每年要交纳给领主的替代劳役的货币给付的数额由惯例规定且固定不变，这对领主是越来越有利的。① 当

---

① 不过，我们应该能注意到，货币经济的兴起确实会使一般价格水平发生波动，例如，13 世纪的通货膨胀的结果就是迫使领主采取了另一种解决办法。

然，一个必然的推论是，由于农民的讨价还价能力在下降，因此在 段时间之后，领主可以更改契约安排，使之对他更加有利（例如，要求农民付出更多的免费劳动时间、实物产品或提供其他形式的额外偿付）。

劳动投入收益递减的另一个可预见的后果是，土地变得越来越稀缺且土地价值不断上升；随着农业产品价格的飙升，对土地的排他性权利变得更有吸引力了，同时排他性的土地稀有财产权也能够带来比以往任何时候都大的回报。

正如我们在本章开头已经看到的，即便是在土地非常充裕的年代，如果土地的附近有庄园（主）可以提供保护，那么它的价值仍然是相当高的，所以甚至从很早的时期起，就对这类地区的"公共土地"规定了某些限制。现如今，土地稀缺已经成了一种普遍现象，限制公共地产使用的压力进一步增强了，但是"庄园的习惯法"再一次延缓了在现有财产权中可能发生的变革。在这种情况下，就像我们讨论过的人口增长会引起其他参数变动的情形一样，土地利用的继承结构会提供一个激励，驱使按习惯法规定现在能够获得土地（但是这种"获得"会遭到排他性财产权的否决）的那些人去抗拒财产权的这种发展趋势。

不过，在这种情况下，我们并不指望公共土地会在一夜之间就一劳永逸地变成继承权无限制的私有财产。从可能引发的政治和军事冲突的角度来说，废除这些相互冲突的"庄园的习惯法"的成本之高，令人望而却步。相反，我们倒是可以寄望于通过一系列连续的步骤，逐步缩小随意进入的自由、提高对土地的利用的排他性程度。这样一来，失败者的反抗不会太过激烈，同时在某些时候，胜利者可能会觉得为了保证更高程度的排他性使用而给予失败者一些"补偿"是可行的。不过，请读者回想一下我们在第一章就政治行为提出的警告，即最后的结局仍然是不确定的。

事实证明，在这个时期人口增长的历史后果是（通过使土地变得越来越稀缺，同时使新增的人口的收益递减），导致生活水平下降到了饥荒和瘟疫严重危害社会的程度。于是，又再一次重新开始了下一轮劳动力短缺加土地充裕的循环。所有信号又颠倒过来了。在从之前的劳动力充裕时代继承下来的基本制度安排之下，地租和土地价值现在下降了，同时进一步发展土地财产权的激励现在被获得对人及其劳动的财产权的迫切需要抵消了，就像这个时期刚开始时那样。在领主不需要为获得劳动力而竞争的范围内，他们是可以通过串谋来阻止实际成本上升的，但是在一个足够广阔的地区里，这种串谋行为要想取得成功，就需要中央集权的政治统治了。在那些因政治分裂或政权分离而使这种串谋行为无法成功的地方，农民们可以逐步争取到更有利的契约条款和更高的实际工资，因为他们的讨价还价能力已经得到了提高。

再一次，现存的基本制度安排——"庄园的习惯法"——使得新的、次要的劳动制度安排不可能是一蹴而就的，只能是一步一步地逐渐过渡为"自由"劳动体制的。通过一系列渐进步骤，庄园主和农民（仆人）之间的关系最终将演变成雇主和雇员之间的关系，或地主和佃农之间的关系。

人口下降还会使市场和交易规模缩小，有助于自给自足经济卷土重来，并促使人们对外部竞争设置障碍以保护幸存下来的市场；同时，行会的权力会变得越来越大，它们将尽全力监督控制本行业、限制新的从业者进入，并阻止来自外部的竞争。

现在，我们已经搭好了舞台，接下来就详细地探讨一下这六个世纪里发生的情况吧。

第四章

中世纪初期结束时的经济状况

中世纪是一个没有什么变化的经济停滞时期，这曾经是在历史学家中占支配地位的看法。到了今天，这种观点和它的理论基础（即所谓的"历史阶段论"）一起，都已经被丢进了知识的垃圾堆。现在，学者们普遍认为，这个时期其实是一个急剧扩张的时期。毫无疑问，从 11 世纪开始（如果不能说 11 世纪之前的话），商业就萌发了，城市也兴建和成长起来，同时专业化的经济活动开始渐入佳境。

中世纪盛期（公元 1000 年至公元 1300 年）是一个重要的历史时期。在这个时期，西方社会的发展中心"一劳永逸"地从古典的地中海地区转移到了北欧平原地区。怎样才能令人满意地解释这些现象，已经成了历史领域的重大课题之一。这个问题很早就引起了伟大的历史学家亨利·皮雷纳（Henri Pirenne）的注意。虽然皮雷纳的命题已经被证明是不能成立的，但他所关注的问题至今仍然是最重大的历史问题之一：为什么北欧地区在中世纪盛期能够发展起来，获得了持久的优势？

皮雷纳将这一发展称为十字军东征"在商业上的副产品"。他说，十字军东征重新打开了通往地中海的贸易之路，因此北欧的扩张只是对外部刺激的直接反应，即北欧居民对与地中海各地的贸易所提供的获利机会的反应。皮雷纳的观点遭到了许多学者的反对，不过这些学者在详细地反驳了他的命题之后，又几乎全都把注意力集中在了北欧社会内部的各种因素上。目前最广泛接受的解释为，技术变革才是打破均衡的因素，所有其他因素都是从这种因素中派生出来的。这种观点把这个时期的经济增长归因于新发明和新制度的累积性作用，即这些新发明和新制度使得更多的畜力、水力和风力得到了利用，从而使得各种生产要素能够更加有效地组合起来发挥作用。这种观点强调，北欧地区迅速发展的原因在于农业生产率的改进，而不在于与地中海各地之间的商业往来的增长所带来的外部刺激。

在我们看来，这种解释存在若干致命的缺陷。[1] 我们在这里提出另一个命题来替代它。我们认为，我们的命题不仅是一个很好的经济学命题，而且与历史证据的一致性更高。这个命题可以表述为：不断增加的人口是可以大体上解释中世纪盛期西欧地区的增长和发展的外生变量。在某一个地区，随着人口的不断增长，迟早会进入劳动力规模继续增大而收益递减的区

---

[1]　在下文中，我们在必要时还要讨论这些缺陷。也请参见我们的论文《西方社会经济增长的经济理论》(*An Economic Theory of the Growth of the Western World*) 最后的一个脚注，刊载于《经济史评论》(*The Economic History Review*) 第二辑，第二十二卷，第1期（1970年），第1～17页。

间。到那时，新增加的劳动力中有一部分会迁移到荒野中尚未开垦的土地上去定居，于是新殖民区就延伸开来。不过，"老区"的人口密度仍然大于"边区"的人口密度，这种差异会导致新老区之间土地与劳动比率的差异，如果再加上新老区之间在自然资源禀赋上的差异，那么肯定会形成不同的生产类型。这些差异的存在，使得新老区之间的产品交换是有利可图的。因此，我们认为中世纪市场经济的发展与扩张，是对因人口增长而变成可行的专业化和贸易所带来的获利机会的直接反应。城市的发展便利了本地交易和整个区域不同地区之间的交易，各地市场的扩张又使得职业专业化、引入新技术和调整生产工艺（以适应生产条件的变化）变得有利可图。总而言之，人口的不断增长为贸易奠定了基础，由此导致的市场经济的扩张又使得中世纪的经济体系不得不做出反应，就像亚当·斯密当年所预料到的，尽管这种反应也许相当缓慢。接下来，在阅读了上述关于中世纪的简介之后，请读者随着我们一起"穿越"回到 9 世纪去吧。

第一节

我们最好把 9 世纪初的西欧想象成一个人口稀少的广袤荒野。当时，欧洲人以家庭为单位，居住在由大片天然植被隔开的一小簇、一小簇的封建小村落里。除了意大利之外，我们现在知道的那些城市在当时几乎不存在。一个村庄通常包括：

若干间农民住的茅舍、一个教堂、一处庄园主的住宅，此外还有一些必需的资本品，例如磨坊、榨油坊、烘炉和谷仓等，分布在附近各处。一般来说，个人的园地都与自家的茅舍毗连。大片的已开垦的"敞地"（open-fields）则以村庄为中心向外辐射开去，再往外是广阔的牧地，然后是仍然覆盖着天然植被的荒地。

实际耕种的土地在可利用的土地中所占的比例非常小。村民们在耕地上通常种植小麦、黑麦、大麦、燕麦等各种谷物，然后用它们制作面包，这是他们最基本的食物。森林和旷野在乡村经济中也发挥着重要的作用，除了提供燃料、建筑材料和可以食用的猎物和野菜之外，还为牛、羊以及最重要的猪提供牧场。猪是在森林中随处散养的；猪可以提供肉和油脂，是每个村庄的主要支柱之一。

可耕地被分割成了一片片相邻的"块地"（parcels）或"条地"（strips），对它们的权利要在领主和农民之间分配。领主的土地被称作领地，要么位于农民的敞地中间，要么分布在农民的敞地以外。单个农民对零星散布在整个地块上的一片片条地拥有权利。土地是合作耕种的，由村庄共同体来对什么时候犁地、什么时候播种和什么时候收获等事项做出决定。这种农业耕作模式就是当今学界所称的"敞地制"（open-filed system）。

庄园由一个或一个以上的村庄构成，其首领为庄园主（seigneur），即领主（lord）。领主是庄园里所有人的法官、保护者和领袖，承担着保卫村庄和执行习惯法的职责。他享有习惯法上的财产权利和继承而来的财产权利，这些权利实际上往往也就是将庄园土地用于某些用途的权利和垄断各种需要资本投资的活动的权利（例如，涉及庄园的磨坊、榨油坊、烘炉和作坊等的活动）。

村庄的普通居民也享有（并承担）某些习惯法上的权利和义务。他们有权为自己耕种土地、利用牧场和荒地、把自己的财产留给继承人；作为交换，他们必须受庄园的约束，未经领主同意不得迁出或嫁出庄园。他们要向领主交纳传统的对死亡和婚姻征收的税收。此外，他们还负有完成规定的劳役的义务——那是农民或农奴与领主之间最基本的联系。

领主的主要职能是提供每一个社会必须"生产"出来的公共物品——保护和司法，佃农或农奴通过提供劳动作为交换。他们将一部分劳动用于自己的财产（土地）上，另一部分劳动用于领主的财产（土地）上。这两部分劳动所用时间的比例，正如我们稍后就会看到的，是由现实的经济因素预先确定好的，并受到"庄园的习惯法"的严格制约。

就其本身性质而论，典型的庄园不可能成为一个完全稳定的经济组织，它必然经常处于变动之中。一旦领主或农民去世了，领地的财产权或对租佃地的财产权利通常就要在继承人之间分割。对教会和贵族的赠予也会导致对各种应得劳役和庄园土地产品的财产请求权的分散化。由于这些权利经常通过继承的途径落到本庄园之外的人的手中，他们越来越愿意接受一定比例的农业产品来支付。

不过，即便是在这个时期，庄园也不是完全封闭的，或者说，庄园也不是一个完全自给自足的经济共同体。农民除了要承担各种劳役之外，还要经常向领主交纳其他多种小额款项，这个事实意味着对市场经济的参与是经常性的，尽管规模仍然相当有限。在 9 世纪到 10 世纪，小规模的每周一次的集市似乎已经相当普遍。农业经济的产品通常不可能是整齐划一的，这就为互利的贸易提供了基础。农民通过为外地来的行商提供食宿，也可以挣得一些收入。领主本人也不时会充当消费者的角色，他需要购买木柴、购买谷种，那是他的日常事务之一。除了这种受到了严格限制的市场交易之外，庄园所消费的产品和服务，绝大部分都是自己种出来的或生产出来的。

当然，一个典型的庄园的领主也不可能是与世隔绝的，相反，他在一个复杂的社会结构中占据着某种特定的位置，而且这个社会结构规定了他与其他领主、他与国王的关系。国王是领主的保有权（tenure）的最终来源。王室承担了保卫王国的责任，而履行这项义务需要很多资源，为此，王室授予（"封给"）领主一个指定地区的土地，作为交换，领主要对王室承担有明确规定的义务。从这个角度来看，封建主义制度也可以说是政府获得资源以履行其对王国的职责的一种财政制度。

直接从国王"受封"得到土地的领主称为"总佃户"（tenants in capite，英文为 chief tenants）。这些"总佃户"再按同样的方式来管理他们治下的土地，即把土地授予（"封给"）称作"中间佃户"（mesne tenants）的另一些领主。然后，"中间佃户"再依次对土地一层一层地进行转授予（"再分封"），最后将土地细分给通常所称的"最低佃户"（tenants paravail）。"最低佃户"的责任是让土地产出收益。因此，在这个体系中，只有国王和"最低佃户"的地位是单一的，国王本人不可能是一个佃户，同时"最低佃户"也不可能是一个领主。每个"中间佃户"则既是授予他土地的领主的佃户，又是接受他授予土地的佃户的领主。这样一来，对于由"最低佃户"实际耕作的一块土地，好几个人都拥有某种或某几种特定的权利。

土地授予或转授给各种各样的领主，主要是通过四种不同类型的受地并保有土地产权的形式进行的。第一，以受地者服军役为条件领有土地的"骑士的保有"，或称"军役领"（knight's service）；第二，以受地者交租（但不服军役）为条件领有土地的"索克领"（socage）；第三，以受地者亲身服劳役（包括军役和非军事性的服役）为条件领有土地的"杂役领"（serjeanty）；第四，神职人员通过接受馈赠而领有土地的"教会领"（frankalmoign）。此外，还有第五种保有土地的形式（大多数人都是以这种方式占有他们的土地的），那是不自由的，称为"农奴的保有"（tenure in villeinage）。在以自由租佃方式保有土地的情况下，个人可随时将土地占有权归还给他的领主而去往他处，但在"农奴的保有"下，农奴则受到了法律的约束，必须留在土地上。

封臣通过"军役领"可以获得土地的用益权，作为交换，在领主提出要求时，受地者必须提供一定数量的骑士交由领主指挥。以交租（但不服军役）为条件领有土地的"索克领"也是一种土地授予形式，作为交换，受地者必须提供一定的产品和服务，如货币、粮食、劳动和出席领主的法庭。在"杂役领"下，受地者必须提供特定的军事服务或其他东西来交换，比如说提供一定数量的装备了武器和运输工具的武装人员（即配备好一个近代的军需官所应当提供的那些装备）。"教会领"下的土地是转授给教士等神职人员的，他们的义务是提供宗教服役。

为了更好地理解这个封建体系是如何运行的，我们不妨考虑如下这个假想的例子。假设国王以服军役为条件授予领主甲一定数量的土地（"军役领"）。作为交换，甲承诺会派出五名骑士帮助国王。然后，作为"总佃户"，甲把领有的土地中的一部分分割转授给臣属他的五个骑士。这五个骑士又可以进一步将领受的土地转授他人。领主甲在初次转授后，还可以从留下的那部分土地中拿出一块来授给乙，乙不用服军役而只需交租（"索克领"），作为交换，乙承诺每年向甲交纳一定数量的货币、谷物或其他产品。领主甲可能会将土地转授给好几个像乙这样的人，因为他的经济福利主要依赖于他保有的土地所能带来的收入。领主甲可能还会将另一部分土地以馈赠的方式授予教士丙（"教会领"），教士丙则以为领主甲及其亲属和先祖祈祷祝福作为回报。领主甲也可能会因需要有人来保护自己的安全而把一部分土地授予卫士丁（"杂役领"），丁则有义务在甲参加战争时提供一定数目的武装随从。通过这种方式，领主甲既满足了自己的需要又履行了对国王的义务。

我们前面说的那种庄园的领主，可以通过上述任何一种途径保有他的土地。由于他是直接拥有这些土地的，我们说他"占有了领地"（seised in demesne）。显然，他的领主（以及他的领主的领主）也对这些土地拥有某种权利，但是我们只能说他们占有了劳役（seised in service），因为他们并不直接拥有这些土地。这些土地，最终不仅必须满足实际拥有土地的领主的土地保有义务，也必须满足占有劳役的领主的土地保有义务。

第二节

在前面，我们已经说过，西欧在 10 世纪初基本上还只是一片广袤的荒野。中世纪初期，不同庄园之间不存在或只存在极少的社会经济联系。罗马帝国时期建立的那套基本政治制度早就消失了，取而代之的是封建主义制度。由于在庄园以外旅行要冒非常高的风险，所以只在真正需要时让人"偶尔走动"一下来适应经济需求，比让货物定期流动要有效得多。也正是这个原因，人们定居的每一个村落在很大程度上都是自给自足、孤立于世的。

这些情况使得公共物品的提供变成了一个重要的"本地事务"。盗窃和抢劫是每时每刻都可能发生的，维京人（北欧海盗）、"匈人"（Huns）和穆斯林的入侵虽然不那么频繁，但是永远随时都有可能发生。这一切使得地方防御成了所有人都关心的头等大事。拥有高超的军事技能且有良好装备的人，是当时的紧缺人才，有了他们才能保护那些既不擅长作战也得不到任何其他帮助的农民。在这里，我们看到了一个公共物品的典型范例，因为不可能只保护一户农民而不保护他的邻居。在这种情况下，要克服每个农民都只想让自己的邻居支付防卫成本的激励，必须采取一定的强制措施，而领主所拥有的军事权力正好提供了所需的强制力量。凭借同样的权力，领主或庄园主还合乎逻辑地成了争端的调解人、实施地方法或习惯法的最后的倚仗；顺理成章，作为保护人，领主又多了一个作用，那就是提供司法。

不过，领主剥削其农奴的权力并不是无限的，而是受到了一定限制——因为（在极端情况下）农奴会逃亡，到另一个庄园寻求"法外庇护"。在当时那个混乱无序的世界里，与领主相邻的竞争者很有可能不会归还这样的逃亡者。到了中世纪盛期，由于土地非常充裕，劳动力成了最短缺的因而也是最有价值的生产要素。由于公共物品（保护和司法）的供给要受到规模经济的制约，因而在中世纪，在某些地区，许多领主一直孜孜不倦地试图扩大自己的庄园，为此不惜与其他领主激烈竞争，每一个领主都非常关注住在自己庄园范围内的村庄里农民的数量，因为农奴是中世纪早期社会大部分私人产品的生产者。村庄的规模越大，领主的收入就越高。村庄是按"公社"（conamunal basis）的原则来组织的，居民要集中耕作敞地。在当时的环境下，这种组织形式在经济上是合理的，因为没有被置于保护之下的土地几乎多得像空气一样，而且没有多少经济价值。生产可能性边界是完全由劳动和资本这些短缺的生产要素决定的。因此，可以利用的短缺的生产要素有多少，村庄的土地就能耕作多少。由于为了保持土壤的肥力，每年都要留出一部分土地休耕，所以村庄可以利用的可耕地比任何一年实际耕种的土地多一倍。这种在不同地块轮流耕种谷物的方式称作"二圃制"（two-field system）。

尽管土地本身的经济价值不高，但是对土地的有效利用要求用"重犁"来耕地。一个完整的"重犁"耕作队，要包括四至六头牛，那是一项巨大的实物资本投资，是当时任何单个农民家庭都不可能负担得起的。因此，要在村庄的层面上达成一个合作协议，把需要的资源集中到一起，凑成一个"重犁"队。农民个人的份额——最开始时的份额取决于他对"重犁"队所做的贡献——要在条地上标出，即用"重犁"在一天之内能够在敞地上耕出的土地的数量。这些条地被当作传统的或习惯法上的农民权利得到了承认，农民的家庭有权享有那块条地一年的产品。要么通过继承、要么通过分担风险（在最开始时），农民家庭通常都能拥有位于敞地上的条地。他们要就何时播种、何时收获以及种什么、收什么做出共同决策。这种"公社"式的农业，就成了当时主要作物的典型生产方式并发展起来。不过生产出来的东西大多数是私人产品。

现在仍然有待解释的是，为什么典型的庄园保持了领主和佃户之间的契约关系，而且采取了这种"劳动义务"（labor obligations）的形式。以今天的标准来看，这种组织庄园经济的典型方法似乎就是一种特别的分成制。当然，我们很难在现代社会找到与它相对应的组织方式，但是要解释它，还是可以找到一些线索的：劳动义务的选择，取决于一种现在已经基本上不再具备的条件，那就是，生产出来的产品的市场是受到限制的。

我们先分析一下这种条件是怎样影响对契约安排的选择的。在 10 世纪及以前，可能的契约安排主要包括三种类型：用实物支付的固定工资、固定的实物租金和分成制（后者指关于分担投入和分享产出的协议）。用实物支付的固定工资将迫使领主承担全部风险和管理成本，在这种情况下，领主与农奴之间的讨价还价成本将会很高，因为领主将不得不提供农民希望消费的产品，或者与农民详细商定实物与替代支付之间的兑换率，同时实施成本也很高——至少对农民来说肯定是这样，因为一旦领主违约，农民为了寻求救济，只能到庄园法庭上提起诉讼，而庄园法庭却是受领主支配的。

固定的实物租金带来的问题则恰好相反。在这种契约安排下，农民必须承担全部风险和管理成本。同时，讨价还价成本也很高，因为农民必须用领主所指定的产品去支付租金。在不存在产品市场的情况下，上述两种契约安排都会面临如下很难解决的问题：怎样才能商定按照什么兑换率用其他产品替代原定的产品？怎样才能商定应交付的产品的质量标准？另外，检验作为租金或工资而交付的产品的数量和质量，也需要付出很高的实施成本；同时，争议是不可避免的，在只受传统法律制度（习惯法）的支配下对这种争端进行裁决则是困难的、不确定的。

第三种选择是分成制。关于分成的契约必须规定投入的分担和产出的分享。分成制确实能够让缔约各方按各自的份额分担风险。在不存在产品市场的条件下，关于产出的分享的讨价还价成本无论在定量上还是在定性上都可能与固定工资契约的或固定租金契约的没有什么区别。但是在 10 世纪及以前，关于投入的分担（即各种各样的"劳役"）的讨价还价成本则明显低于另两种类型的契约，这尤其是因为，领主之间围绕着劳动力而展开的竞争实际上带来了一个初步的劳动力市场（它至少可以为劳动力的价格确定一个范围）。至于实施成本，产出分享契约要明显高于固定租金契约或固定工资契约，因为对于后两者，产品的数量和质量必定已经事先就规定好了。投入分担的实施成本可能是这里提到的所有契约类型中最高的，因为就庄园经济而言，投入分担涉及劳动的分摊，而劳动中始终会存在偷懒的倾向。历史文献中充斥着大量关于这个问题的材料。

　　考虑到上述背景，我们就会认识到，存在于典型的庄园中的这种契约安排，在当时可以说是一种有效率的制度安排。之所以选择投入分担契约，即以契约规定农奴为其领主和保护人提供劳役的义务，是因为在给定的约束条件下——交易商品包含的交易成本很高——它是最有效的。当时，产品市场几乎完全不存在，不过已经存在着一个非常初步的劳动力市场，这就保证了投入要素分摊契约的交易成本相较于其他契约安排要低得多。领主为争夺劳动力而进行的竞争，限制了他们"天然"的讨价还价能力，从而使得劳动力在习惯法上的价值可以由讨价还价双方之外的因素来决定。因此，典型的庄园这种"古雅"的组织形式，可以理解为在市场经济普遍不存在时的一种适当的反应。

　　导致了庄园这种制度安排的那些条件也可以用来解释封建制度本身。在这个层面上必须解决的问题是，在乱世之中，维持一个全国性的政府（或"准全国性"政府）或者地方政府，以便防御有组织的入侵并对领主之间的争端做出裁决。再一次，市场经济不存在这个事实决定了实现上述目标的最有效的工具就是封建制度——因为没有市场，任何替代组织都意味着交易成本将超过收益。例如，我们不妨考虑一下维持一支常备军这个最明显的可能的替代选择。在不存在市场经济的情况下，只有经过一个巨细无遗的、成本极其高昂的讨价还价过程，才有可能将每个士兵所需要的、作为他服军役的报酬的产品一一确定下来。

　　相比之下，封建制度可以节省大量谈判成本，足以抵消这种分权化的政治制度所需要的高昂的实施成本。一旦国王进行分封，把辽阔的土地分成若干小王国，那么也就授予了各个大领主（即"总佃户"）一系列政治经济权力。为了防范领主结盟可能带来的任何潜在的威胁，国王通常会接受"劝告"，继续保持自己的"大地主"身份，以保证随时能够派出自己的军队去镇压任何叛乱。不过，正如欧洲中世纪历史进程所表明的，封建制度原本就是一种内在不稳定的制度，制度的实施成本天生就很高。只有封建社会实质上仍然是一个非市场经济的社会时，这种政治经济制度的古典形式才能继续有效地运行。正如我们在下一章将会看到的那样，当适合封建制度和庄园制度的外部环境发生了变化之后，这两种制度的性质就会发生重大的改变。

第五章

中世纪盛期：边疆运动

从 10 世纪开始，中世纪的西方世界经济条件和政治条件都发生了重大的变化。人口增长了，地区内部的商业和地区之间的商业复兴了，很多新技术涌现出来，庄园制和封建制的一些典型制度安排已经变得完全"认不出来"了。

第一节

未开垦土地的大量存在使得人口自然增长的速度有可能维持在很高的水平上，尽管战争、掠夺、饥荒和瘟疫不时会打断人口的高速增长。零星的移民浪潮对人口的自然增长是一个补充。在那些人口密度很高的庄园里，人口或者外溢到原庄园的新的可耕地上，或者迁居到从未开发过的荒地上建立新的庄园。在边疆地区定居的稀疏的人口与"老区"的稠密人口构成了鲜明的对比。在进入公元后第二个千年的前三个世纪里，这种开发边疆的活动一直在扩展，注定要把西欧从广袤的荒野变成一个充分开发的地区。

与人口增长同步，商业也开始向外扩张，并随着新定居点在边疆地区的延伸不断发展壮大。北欧出现了活跃的内部贸易，然后随着时间的推移不断扩展，打通了与素有商业传统的地中海地区之间的联系。南欧的商业范围和规模也在不断扩大，在威尼斯这只领头羊的带领下，早在 10 世纪以前就已经开始将贸易扩展到整个区域。其他意大利城市，特别是热那亚和比萨，也很快就对商业机会的增多做出了反应，它们用货币、木料、铁、羊毛和金属制品换取穆斯林的香料、香水、象牙、精织物和油料。因此，南欧商人所交易的主要是单价相对于大宗商品高得多的那些商品，也就是历史学家通常所称的奢侈品。从 10 世纪起，北欧人口的增长为这类商品提供了有限但一直不断扩大的市场，意大利商人很快就抓住了这个机会，成为了成功的中间商。

北欧地区内部的商业从根本上不同于南北欧之间的贸易。在北欧地区内部，交易的主要是一些"基本商品"，如粮食（特别是谷物），其他大宗商品还包括黄油、乳酪和鱼，等等。在那几个世纪里，酒类贸易也像木材及树脂、柏油和毛皮等其他林产品（forest products）贸易一样，变得越来越重要了。当时交易的主要制成品是织物，特别是羊毛织物和亚麻织物。

尽管存在着自然的和人类自身造成的种种危险，尽管长途运输货物仍然面临着很多实际困难，北欧的贸易路线却一直在扩展，它变得越来越长，复杂性变得越来越高，覆盖的地理范围也变得越来越大。然而，各种各样的"财政勒索"仍然对在边疆地区经商和沿着贸易路线活动的商人造成了很大的障碍，商人们不得不结成商队以防范沿途抢劫的风险。如果走水路，也许旅行会安全一些，水运的效率也较高，这使水运成了商人们的首选。然而，水路并不是随时随地都可以利用的。由于无论走陆路还是走水路都不仅有危险，而且困难重重，必须在时间、人力和设备上付出高昂的成本，因此这个时期的商业大发展是在背负着巨大的运输成本的情况下取得的，实属不易。

在北欧各地，贸易的兴起还伴随着城市的兴建或复兴。在面临来自"北方人"（Norseman，也称"诺曼人"）的威胁时，北欧的地方贵族（他们因无法得到王室的有效保护而不安）就必须承担起保护自己所在地区的居民的责任，为此，他们往往会在战略要地构筑要塞堡垒进行设防。与幸存下来的罗马人的城市一起（罗马人的城市有一部分是行商在寻找安全的落脚地时自然而然地重新发现的），这些地点构成了中世纪城市发展的核心支点。随后，后续步骤依序展开。地方上的商人们开了店铺，以便满足本地区的需要，同时也满足了仍在不断发展的地区间贸易的需要。然后，工匠和手艺人被吸引到这些中心区域。渐渐地人口集聚的这些定居点就开始呈现出我们今天称为城市的地区所特有的早期风貌了。从历史进程年表来看，特定地区城市的发展是随着人口的增长而出现的，不过有一个滞后，而与地区之间的商业的兴起则几乎完全同步。

在中世纪盛期这三百年里，当边疆地区开始发展起来之后，远程贸易也应运而生，大量城市迅速建立起来，城区也在飞快地扩展，与此同时，这也是一个新工艺、新技术大量涌现的时代。大自然的力量也被利用起来，在很大程度上取代了人力和畜力，例如，利用水力和风力转动轮子辗磨谷物、驱动漂洗机。新的轮作法——三圃制（three-field system）——出现了，逐渐代替了两年轮作一次的传统二圃制耕作方法。然而，应当指出的是，这些变革虽然显得相当壮观，但是对于支配着当时经济组织的庄园经济来说，仍然都只是边际增量，是附加性的。这些变革之所以看似壮观，只是因为它们都是新的，而且在事物的整体发展过程中，它们的重要性更在于作为未来的世界的预兆，而不在于它们的出现对经济组织的影响。

与此同时，事实不断证明，中世纪欧洲的政治经济结构也同样容易受席卷了整个中世纪的那些变革力量的影响。在合法地界定对于庄园土地和劳动的用益权以及决定谁有资格享有这些特权时，无论是领主还是农民，都不断向对方施压，试图让对方做出让步。由于农奴需要承担的各种劳役（labor dues）变少了或越来越多地转变为每年交纳的货币给付，所以即便是领主与农奴间的基本契约安排也在发生变化。领主的地产越来越多地改为以收取货币租金的形式出租。这样，到了1200年，10世纪时那种典型的庄园反而变成了一种不合时代潮流的怪物。

也就是在同一个时期，国王与他的领主之间的传统的封建契约关系也在经历着类似的变化。契约规定的传统义务开始被货币给付——即通常所称的"免服军役税"（scutage）——取代。这样一来，以服军役为条件的土地保有权（"军役领"）和以服劳役（包括军役和非军事性的服役）为条件的土地保有权（"杂役领"），实际上也就变得与只交租不服役的土地保有权（"索克领"）完全相同了。

许多历史学家的研究都表明，中世纪盛期是一个变革的时代。到了13世纪初期，西欧的政治经济结构已经变得基本上不同于10世纪的时候了。简而言之，人口和商业一起实现了扩张；技术革新的数量虽然还比较有限，但是已经在整个地区得到了广泛的应用；农业生产方法也已经调整得与新的环境相适应。这一切的最终结果是，庄园制度和封建制度都发生了不可逆转的变化。

第二节

人口的持续增长是推动中世纪盛期经济增长和发展的动态因素。尽管当时的生产技术仍然相当原始，但是相对充裕的土地和其他自然资源依然能够保证劳动生产率水平高于维持生存的水平。只要随着需求上升而新开发耕作的土地能够养得起增加的人口，人口增长的趋势就会一直持续下去。直到13世纪为止，这似乎就是西欧发生的情况。

尽管在历史学家看来，这个时期北欧的土地似乎是用之不竭的，但是任何一个特定的庄园周围可供开发的土地必定是有限的。人口的持续增长最终必定会使得庄园可用的优质土地全都被耕种，然后居民们就不得不去开垦那些更劣质的土地。在发生了这种情况时，就只能以更加集约的方式利用当地的劳动力去耕种现有的可耕地。这种调整反映了局部性收益递减的开始，在那之后，所用的新增劳动单位实际上减少了劳动的边际产量。因此，劳动的经济价值下降了，同时土地变得越来越稀缺从而变得更有价值。对当时的村社共同体来说，这种变化意味着按人均计算的生产率的总水平在下降。对单个家庭来说，它则意味着家庭中的年轻人即便仍然留在原来的庄园，也不得不推迟成家立室。不过，在这个时期，在边疆地区还存在着适宜耕种的尚未开垦的土地。于是，在这些年轻的成年人中形成了一些潜在的"开拓者"团体，中世纪的"移民"就是从这些团体中产生的。通过向边疆地区移民，这些人获得了可资谋生的充裕土地。通过移民，他们避开了困扰着他们出生的庄园的收益递减和收入下降陷阱。就是这样，人口的增长带来了"边疆运动"。

这些局部收益递减的地区似乎最初出现在法国，大约从公元950年前后开始，许多法国移民来到了索恩河沿岸的黏土地带和博若莱山地。此后，大约在公元1100年前后，佛兰德斯地区的沼泽被排干了，这是一项相当浩大的围垦造地工程，需要投入大量的资本。被称为《末日裁判书》

（*Domesday Book*）的土地调查清册所载的证据表明，在英国也出现了类似的人口增长。在诺曼人入侵前的那几个世纪里，这种移民运动已经使得这个岛国上的所有主要农业区都有了定居者。

人口的向外迁移改变了乡村的整体性质。位于不同庄园之间的开阔地带，以前都是一片片从未开垦过的荒野，这些荒地的财产权通常被授予一些高级贵族成员，他们则把这些荒地视为狩猎围场。荒野中即便有人类暂时栖居（如果确实有的话），他们也都是只在童话故事中出名的那类人物——樵夫、烧炭人、锻造师、修道的隐士和出没无常的强盗。然而到了我们讨论的这个时代，这些荒地开始得到了开垦，村庄的林地和牧场缩小了，田地围绕着最早的定居点一圈接一圈地向外扩展；与村庄距离较近的区域上的土地，虽然可能早就清理出来了，但在土地不紧张的时候是当作牧场来用的，现在也挖出了排水沟、开好了犁、种上了庄稼。由于新开垦的土地越来越远离原来的村庄，有些家庭为了节省往返时间就迁了出去，自行圈占土地建成了一些小农场。这个过程会一直进行下去，到这些家庭移民把相邻庄园之间的空地都占据了，以致无法进一步扩张为止。

荒野地区这种事实上的"殖民化"，需要领主和农民的合作，后者提供劳动，前者则予以批准并提供对荒地"改造工程"的保护，也许还要提供资本资助这种"创业活动"。有的时候，这种需要投入大量人力和资金的工作还会成就一种伙伴关系：领主提供了圈地的权力，他的伙伴则提供了必不可少的资金和劳动者。甚至还包括神职人员，因为他们继承了大量财富并能够通过教堂礼拜等途径与农民交往，所以也经常会成为这类"创业活动"的合伙人。

即便在劳动力的价值在本地出现下降的时候，劳动力在边疆地区仍然不失为一种宝贵的商品。那些想创建新庄园的人不得不四处寻找农民，甚至要到他们自身的权力无法控制的地区去，用提供特许状和其他"优惠政策"来诱使潜在的移民加入。他们在开始阶段通常不要求农民承担各种劳役，只规定要收取一定的实物地租；在很多时候，依靠身为领主的传统特权和垄断取得的收入，可能会成为那些雄心勃勃的"企业家"领主的唯一收入来源。那些受移民到边疆的大好前景诱惑的农民，要么向原来的领主赎买自己的自由之身（想组建一个新庄园的领主，会替他们出钱赎买），要么干脆直接借着夜色的掩护偷偷溜走。显然，许多农民都是通过这两条途径中的一条来到边疆地区的。

渐渐地，西欧各地的荒野都以上述方式得到了开发。新的村庄大量涌现，由于它们成功地为那些富有企业家精神的贵族增加了收入，所以又进一步鼓励了继续推进此类"殖民"活动的尝试。边疆为农奴提供了过上另一种生活的机会，所有的领主都必须考虑这个事实，或者换句话说，随着这种"殖民"活动的兴起，领主们现在要面对更高的农奴流失的风险。这样一来，领主之间为争夺劳动者的竞争就在实

际上限制了他们对庄园农民的剥削。迁居到边疆地区去这种
选择，对限制领主对农民的剥削，可能比新兴城市的出现更
加重要。

边疆运动使得西欧各个地区之间出现了不同的人口密度
（或者说，人／地比），从而进一步导致了人们得自专业化和贸
易的收益大幅提高，这也正是经济学理论所预测的。如前所
述，由于人们迁居的不同边疆地区的自然资源禀赋各不相同，
这对贸易收益也有刺激作用。例如，法国的葡萄酒产区就为
贸易提供了一个全新的基础。由于每个地区都有自己的比较
优势，人口密度高的地区可以更有效地生产劳动密集型产品，
用来交换人口密度小的地区生产的土地密集型产品。中世纪
时期的织布业的扩张就是一个很好的例子。在专门生产劳动
密集型产品的佛兰德斯、皮卡第、布鲁日、朗格多克、伦巴
第和其他人口相对稠密的地区，都出现了许多重要的生产中
心。例如，佛兰德斯在中世纪盛期就发展成了一个主要通过
贸易为居民提供大多数基本食物的城市（它用布料换来了谷类
食物和酒），它的织布业还提供了许多高价值的商品，去交换
来自东方的奢侈品。

地方贸易也随着庄园之间的旷地的开发而变得繁荣起来。
本地人口密度的提高，有利于市场规模的扩大，从而降低了交
易成本，并促进手工业和各种服务业的涌现。到了这个时期，
庄园除了原有的基本上自给自足的经济之外，还有了另一种替
代选择，那就是专业化和贸易可能带来的收益。

第三节

　　以往，庄园制度能够对基本经济条件做出有效的反应，但是随着商品市场的发展和扩大，这些基本经济条件出现了根本性的变化。现在，如果缔约各方选择达成固定租金、固定工资或产品分成的契约安排，就已经没有必要再对消费品组合做出巨细无遗的规定了，因为这些要交付的东西，无论收到时是现金形式的还是实物形式的，都可以按合理的成本去交换想要得到的商品。只要存在着市场——哪怕像现在我们考虑的这个市场这么有限，就可以使这几种类型的契约的"纯交易成本"大幅下降（相对于传统的劳动分担协议而言）。

　　"不断变化的时代"与"不断变化的习俗"之间的对抗以从来没有过的真切程度，充分展现在了市场经济出现后庄园契约形式的改变上。以往"庄园的习惯法"已经为履行契约义务和庄园生活的所有其他方面树立了历史悠久的先例——从应该种什么作物，到执行各项职责的时间表。现在，由于这些"习俗"受到了不断变化的经济环境的压力，领主和农民之间基本的契约安排开始缓慢地从各种劳役转变成其他某种契约形式。

　　不过，变革仍然是在原有的基本制度环境中进行的。如前所述，这种制度环境也是历史上演化而来的，能够令人满意地应对一个只会缓慢地发生变化的自给自足的庄园的各种状况。庄园中的各种"习俗"在大多数情况下都是非常缓慢地被放弃的，我们不应对这一点觉得惊奇。毫无疑问，要改变在传统上被视为神圣的、唯一的非人格化的土地法是很困难的。此外，即便是在变革对农民直接有利时，他们也仍然会倾向于依赖习惯法的"锚固力"（anchoring force），因为在以往，当他们与那些贪婪的领主打交道时，习惯法确实曾经保护过他们。当联合起来的农民的消极抵抗得到了"习俗"的支持时，他们确实会处于一个相当有利的位置。在中世纪盛期的最初几个世纪里，习惯法是依靠人们的记忆来流传的，因此是"口述传统"决定了管理庄园所依据的法律。同时，因为在中世纪经济条件的改变是缓慢发生的，所以"庄园的习惯法"只有通过逐渐改变特定的条件来加以变更。虽然在那几个世纪里，无数微小的变化已经累积成了根本性的大变化，但是相对于一个农民的一生来说，法律似乎是固定不变的。现在，在新的经济条件出现之后，就合同性质的有效变更而进行谈判时发生的讨价还价成本，却因为完全对立的父权主义式的习惯法的沉重分量而大幅增加了。相反，如果采取缓慢而稳健的步骤（即不会被视为明显的全盘创新，只会被视为对以往的惯例的枝节性修改）却更加容易向前推进，而且讨价还价成本也会低得多。

　　经济史学家长期坚持的一种似乎经典的理论认为，庄园的衰落完全是由市场经济的兴起导致的，这也是我们在这里主张的观点。这种解释现在似乎已经有点"声名狼藉"了。但是根据我们的论证，仅凭产品市场的存在，显然就足以解释庄园制

度的必备基本元素——以各种劳役的形式分担投入——最后是
怎么消失的了。对此，我们在这里概述一下：在当初，劳动义
务契约是一种有效的契约形式，因为任何其他可供选择的契约
安排（在没有产品市场的条件下）都必须详细规定消费组合并
保证数量和质量相符。但是，这种传统的庄园契约需要付出
高昂的实施成本，因为必须对劳动者进行严密的监督和控制以
防止他们偷懒、敷衍塞责。假设其他条件都保持不变（ceteris
paribus），自由劳动（自愿提供的劳动）的生产率比非自愿的
农奴劳动的生产率更高。当市场出现之后，就不再需要明确
规定消费组合了，允许代之以其他的实物或货币给付，在这
种情况下，效率的天平就向实施成本更低的其他契约形式倾
斜了。

因此，显而易见，当产品市场规模扩大并变得更有效时，
最后出现的将不会是各种劳役，而是某种其他形式的契约安
排，尽管交易的准确时间和方式要取决于庄园早先的状况。12
世纪时（其实还可能更早一些）出现了下面这种形式的具有一
般性的契约：领主们越来越倾向于把农奴要承担的各种劳役转
换成每年固定的货币给付，后来，这种固定的货币给付就变
成了一种具有习惯法效力的"价格"而被广泛接受了。领主们
也倾向于把他们的一部分领地以固定的租金出租给他人。在有
些地区，例如在法国的葡萄酒产区，则出现了一种分成制契约
安排。自己的庄园不位于边疆地区的那些领主，在没有出现通
货膨胀的情况下也有激励乐于选择按"习俗"确定的货币给付

来代替劳动，因为庄园人口增长导致的收益递减会使得劳动的实际价值不断下降。在整个 12 世纪，由于人口稠密的地区这种收益递减一直存在，这种按"习俗"确定的货币给付很快就不再反映劳动的实际价值了。这样一来，由于农民的劳役的价值下降了，领主选择了这种代偿方式之后每年都可以获益。不过与此同时，这种收益也可能被另一个事实抵消，因为按"习俗"确定的固定地租也不一定能反映土地实际价值的上升——它所起的作用与我们今天的租金管制（rent control）类似。

定期重新商定租金，在当时的习惯法下讨价还价成本高得令人望而却步，所以领主往往会想办法来使这种"租金管制"归于无效，他们经常采取的一种方法是，花样翻新地运用先前就存在的一种习惯法上的工具，即收取继承税或入地金（entry fine）。入地金的最初形式有点类似于现代的"预付房租"（key money），原来只是在有新的佃户来租用土地时才需要商定，但是现在由于它能够反映不断增长的土地价值相较于根据"习俗"确定的年付租金已经更高了这个事实，因此逐渐开始承载了一种新的功能。于是，这种入地金就变成了适应失衡（在这个例子中指的是土地价值相对于劳动价值上升了）的一种工具，它很好地说明了在现有的习惯法的框架内变革缓慢发生的过程。

正如我们现在看到的，从 10 世纪开始并一直持续到 12 世纪末的边疆运动在构成了当时的封建经济的各个地区之间造成了千差万别的经济条件。商品市场的规模，在人口稠密的地区比在边疆地区更大，但是"习俗"的影响也更大。我们完全可以料想到，不同的庄园的组织形式肯定会呈现出非常大的多样性——实际发生的情况正是如此，但趋势仍然是非常清晰的，那就是货币给付逐渐取代了各种劳役。

市场经济的兴起也改变了领主之间的经济关系（封建经济关系）。以前，对于维持一支常备军所需要的各种款项，只能通过非常艰难且成本极高的讨价还价过程才能商定，而且在交付或调整军人的报酬时的成本也极其高昂，但是现在，只需通过简单的货币给付就可以完成这一切了。因此，市场经济的出现极大地降低了交易成本，从而使得公共物品（而不仅仅是私人产品）能够比以前更加高效地生产出来。

对于身为贵族的土地保有人（即贵族"佃户"）来说，凡是以前必须亲自服劳役或提供产品的地方，现在他们都可以改为用货币来交纳某种"代役金"或"代役钱"（fine）了。例如，以服军役为条件的"军役领"领主往往会用一笔钱来代替每个骑士应服的军役（通常为 2 马克，在英国为 1 英镑），这笔钱称为"盾牌钱"，代表了一个骑士一年服役 40 天、每天 6 便士的相应报酬。后来，代偿骑士的军役的"价格"就逐渐固定在了这个比率上。"总佃户"每年的义务就变成了争取更高的"价格"、直接与国王讨价还价，再就是交纳这种"盾牌钱"。

封建捐税可以用类似于今天我们要交纳的税收的现金给付来代偿，这对佃户和领主都有很大的好处。领主得到了生

产公共物品所需的支付手段（无须再依赖于自己的佃户的个
人劳役），佃户则可以专注地进行管理和生产。这是一个具有
相当重要的历史意义的事件。现在，国王和大领主能够组织
起一支可以任由自己驱策的常备军或雇佣军了。同时领主们
也无须再受只能在 40 天内拥有武装力量的限制了，相反，他
们可以在任何自己需要的时间和地点，集结起任何规模的军
队（只要自己能够负担得起）。事态的这种发展——从 13 世
纪开始它就已经成了一个重要因素——引发了对财政收入的政
治争夺，最终不仅影响了民族国家的兴起，也影响了欧洲经济
增长的道路。

第四节

　　在中世纪时期，农业生产几乎完全支配了经济生活，当时
可能有超过九成的人口都是靠土地为生的，因此土地利用的变
化对我们这项研究具有至关重要的意义。早在即将进入 9 世纪
的时候，一种新的组织农业生产的制度——三圃制——就已经
开始在西欧一部分地区推行开来了。这种耕作制度的采用和逐
渐推广直至取代二圃制，是一个重大的技术进步，它极大地提
高了生产率。

　　在二圃制下，全部可耕地都要犁耕开来，但是只有一半土
地用来种植谷物，另一半土地则予以休耕，以恢复地力；到第
二年，前一年休耕的土地用来种植谷物而刚收割完的土地则予

以休耕。现在的三圃制下，庄园的可耕地分成三部分。在第一年，第一部分土地犁耕后在秋天种下小麦，第二部分土地犁耕后在春天种下燕麦、大麦或豆类作物（比如说豌豆或蚕豆），第三部分土地犁耕后予以休耕。到了第二年，对作物进行轮换，第一部分土地休耕，第二部分土地种植冬季作物，第三部分土地种植春季作物。第三年，第一部分土地种植春季作物，第二部分土地休耕，第三部分土地种植冬小麦。第四年再开始下一轮循环。

历史学家们已经阐述过三圃制的多种优点。在三圃制下，用于种植作物的可耕地的面积增加了50%，同时农业劳动的投入在一年内的分配也更加均匀了，因为犁耕、播种和收获的时间在季节之间和地块之间都错开了，而且一年有两个收获期，也减少了因某一季作物歉收而导致饥荒的可能性。燕麦产量的增加使得农民可以用更有效率的马来代替牛。豆类作物提供了有益的植物蛋白，这对常食用谷类食物是一种非常好的营养补充。今天我们知道，豆类作物还有固氮性，这有利于维持土壤的肥力，从而抵消了实行三圃制时休耕地减少的影响。

正因为三圃制有如此之多的优点，所以历史学家们才会一直对这种公认更优越的技术的缓慢传播速度感到困惑不解。虽然没有人对这种耕作制度的接受速度做过充分的研究，但是我们确实知道，三圃制作为一种耕作制，早在8世纪后期就已经出现在塞纳河和莱茵河之间的地区，接着扩散到了法兰克人

（Franks）的土地上，再从那里传播到整个西欧——但是这花了好几个世纪的时间。直到 12 世纪，这种三年一循环的耕作制度才传到了英格兰。

那么，对于如此缓慢的技术采用速度，我们应该怎样解释呢？历史学家们在考虑这个问题时，一直强调气候的限制、农民对变革的普遍抵制以及就重新安排条地的财产权利达成一致意见所需要的讨价还价成本等因素。因此，对三圃制的传播速度缓慢的解释隐含地采用了成本－收益分析方法：三圃制的心理成本和交易成本，抵消了它有可能带来的可观收益。保守的农民们先观望等待，他们看到结果才会在自己的土地上采用新的耕作方法。

为了更直接地继续运用这种成本－收益分析方法，我们先按经济学原理考察一下三圃制的收益。实际利用的可耕地增加了、劳动在一年里分配得更加均匀了，这些都是实实在在的改进，因为土地相对于劳动越来越短缺的事实构成了一个强大的激励，推动农民以更加集约的方式来利用农业土地（即在单位土地上投入更多的劳动）。甚至早在 9 世纪的时候，当时西欧的乡村分布总体上看仍然相当稀疏，但是某些特定的乡村的人口已经相当稠密了，这一点从当时兴起的垦荒活动以及最后出现殖民潮流可以看得很清楚。随着某些地区的人口的继续增长，劳动的收益递减使得劳动的价值相对于土地的价值出现了进一步下降，这使得在单位土地上投入更多的劳动变得有利可图——事实上，人们必须这样做。这里特别有意思的一点是，在三圃制下对休耕地进行两次犁耕的做法（很明显，这意味着在单位土地上投入更多的劳动）直到 12 世纪时才被普遍采用，那时劳动的供给更充裕了。

三圃制的另一些优点也会因人口增长和局部收益递减这个"孪生事实"的影响而更加凸显。新土地的不断开垦意味着具有任何开垦价值的荒野终有一日必定会完全消失。连经常挨饿的农民平时去打打猎、采采野果或采摘山毛榉果实作为猪饲料的山毛榉林地现在也变得非常有限了。猪肉和野味提供的动物蛋白也只得用植物蛋白来代替。从经济的角度来看，动物蛋白比植物蛋白更昂贵，因为饲养牲畜的土地密集程度更高，而土地现在已经变成一种越来越短缺的生产要素。天然荒地的减少，也是过去原本用牛拖改用马拉的一个原因。这是因为马转换生物能源的效率要比牛高 50% ～ 90%。不过，如果牛（每一头牛都堪称一个天然的"焚草炉"）仍然只需靠荒地就可以饲养，那么实际上是不需要付出多少成本的，而马则必须用更加昂贵的燕麦来喂养，那么从经济上看，一头牛的效率相当于两匹马。但是，如果这两种牲畜都要用同样数量的谷物和 / 或干草（现在干草也变得相对更贵了）来饲养，那么合乎逻辑的选择就应当是使用马为畜力。

因此显而易见，只有当人口增长导致劳动收益递减时，三圃制才会成为一种更好的生产组织形式，因为在这种情况下，日益短缺的土地必须加以保养和更集约地加以利用。在更早一些时候，当土地从各个方面来看都十分充裕时，传统的二圃制虽然要浪费掉一些荒地，但是完全能够满足经济效率的要求。[①]

三圃制是对土地／劳动比率变化的一种符合经济理性的反应，这个发现有助于解释三圃制在整个西欧传播相对缓慢的原因。只有当土地变得短缺之后，三圃制的净收益才可能超过二圃制的收益。因此，我们应该把三圃制视为整个西欧人口密度提高的一个滞后的结果。这种新的耕作方法直到 12 世纪时才传入英格兰很可能并不是偶然的。在那不久之前，收益递减才刚刚成为英格兰各地的普遍情况，这远在那些最早采用三圃制的地区之后——在那些地区，收益递减在很早之前就已经成了一个无情的生活事实。

从这个角度来看，我们不能认为三圃制是一个重大的效率改进，只能将它视为对已经变化了的环境的一种反应。显然，那些经历了收益递减但是并未采用三圃制的村庄在当时的处境可能会变得更糟。但同样显而易见的是，土地仍然像空气一样充裕和二圃制仍然适用的那些地区的人均产量，肯定要高于土地短缺、存在着劳动收益递减的情况且三圃制已被事实证明是更有效率的那些地区的人均产量。

---

① 如果三圃制确实在效率上有明显的优势，那么随着新庄园的建立，这种耕作制度应该很快就会在边疆地区得到广泛采用，也就是说，它应该从 8 世纪开始就随着移民传播开来，从而在 1200 年之前就应该成为主导的农业组织形式，但是实际情况并非如此。原因就在于：三圃制只有在劳动的价格相对于土地价格已经下降了之后才是有效率的。与其说三圃制是一个技术变革，还不如说它是对相对要素价格变动的一种适应。

第五节

我们已经考察了市场的扩大是怎样导致城市定居点、专业化和贸易出现的，这也影响了中世纪的技术水平。地方性谷物市场以及地区内和地区间羊毛市场的扩大，促进了水力谷物碾磨机和水力布料漂洗机的采用和推广。不过值得注意的是，大多数重大的技术进步都是对最早出现在西欧地区以外的发明的采用和改进。由于前文已经暗示过的、稍后将会展开讨论的一些原因，中世纪欧洲的制度环境并不鼓励发明创造。

不过，公元1000年以后地方性市场的扩大还是促进了水磨和风磨等已有的技术成就的传播。这类利用自然力的改良性资本支出的结果表明，提高效率可能带来很大的收益，但是这需要投入一定资本——在那个时代，通常意味着大量的资本。因此，只有将它们用于生产在前几代北欧人看来是大宗产品的那些东西时才是合算的。也就是说，只有当地的人口密度有了大幅提高、区际贸易得到了迅速发展之后，这种大规模生产在经济上才会是合理的。人口密度的提高最后必定会导致当地劳动收益递减和当地土地价值的相应上升，从而导致饲养家畜的成本更高，这就进一步提高了利用自然力来替代役畜的激励。

到了11世纪的时候，用水力驱动的磨坊已经司空见惯了。根据1086年的《末日裁判书》（*Domesday Book*）的记录，当时 3 000 个村庄共有 5 624 座磨坊，因此没有理由认为英格兰在技术上领先于欧洲大陆。除了用于碾磨谷物之外，水力也在更多、更广泛的领域中得到了应用，例如，水力可以拉锯子（这种装置可能是 10 世纪发明的）、转动漂洗机和举起铁匠的杵锤。

当然，中世纪盛期的制度环境在总体上并不鼓励对社会来说规模适当的研究开发活动。不过，技术上的改进也不能说完全不存在，因为市场的扩大以及随之而来的专业化可以为改进生产技术的个人带来较高的回报。地方性市场的扩大也使得某些固定成本很高的资本品第一次有效地得到了应用。与此同时，专业化的趋势也意味着人们天生的发明欲会集中到若干数量有限的难题上来，从而降低了发明的成本。

在这个时期，利用水力的尝试也包括在建造潮汐磨坊等方面的努力。更加重要的是，风力也成功地得到了利用。这似乎是西部地区的一大成就，起因是人们迁居到其他地方后，也离开了水力资源丰富的地区。他们发现，风力虽然不如流动的河水提供的动力那么稳定可靠，但是几乎随处可得，而且不会受到冰冻的影响。作为水转轮的合理延伸，大型风力磨坊不久之后就遍布北欧平原各地——那成了 13 世纪初期田园景观的一个共同特征。

在努力开辟新的动力源的同时，人们还在改进用来处理大批量商品的技术和装置方面进行了很多尝试。动力传送的新装置包括利用曲轴（bent saplings）的拉力来带动风箱和转动车床，以及采用踏板来转动车床和推动纺织机。

发生在纯经济领域的这些渐进的技术进步（未来的人们在回顾这段岁月时，可能会觉得技术进步的数量相当可观），都可以用市场的扩展来解释。制度环境对于发明创造来说仍然是抑制性的，因为没有发明家或企业家确信能够得到自己的成果所带来的全部收益或大部分收益。保密是防范各个方面的仿制的唯一手段。在受到了这些限制的情况下，研究和开发的规模是不可能接近社会最优水平的。

不过，这个一般规律有唯一的例外，那就是武器的研发。当时，战争技术的发展仍在初期，开发出一个新的武器系统或改进原有的武器系统，可以带来极高的政治收益，因此当时上层贵族在支持这个领域的研究时都非常慷慨大方。当然，对武器的研究也派生出了若干可以用于和平时期的副产品。

总之，在中世纪盛期，技术进步确实发生了，尽管由于当时的"社会气候"对发明创造并不"友好"，这个过程受到了阻碍和冷遇。当时并没有制度能够保证发明家私人收益率与社会收益率相等。然而，即便是在全然没有制度保障的情况下，地方性市场和区域市场规模扩大本身也足以使发明家的私人收益率超过加洛林王朝（Garolingian）时期的私人收益率了。这对那些原已存在的技术的传播有特别明显的促进作用。不稳定的政治制度支持了某些适合战争需要的领域的研究，这种研究不可避免地会带来一些适合经济部门的副产品。然而，一般规律是，如果任何新发明都可以被随意仿制而无须对发明者予以补偿，就会阻止人们将资源投入到研究和开发中去——除了那些本来就可以归因于专业化的投资之外。因为保密成了发明者唯一的自保之策，所以新发明向整个社会的扩散就会受到阻碍，这样一来也就减弱或推迟了生产率的提高——而经济发展依赖于生产率的提高。

那么，对于中世纪盛期的大部分时间里西欧取得的经济绩效应该怎样总结呢？当然，我们可以这样总结：广泛的经济增长仍然在持续，并创造出了一个以前从未有效存在过的市场体系。这个发展使交易成本得以下降，使各个职能得以专业化，并促进了新来源动力的广泛利用。反过来，这些现象又推动人均收入的增长和生产率的提高。作为对上述进步的反制因素，人口过多和局部收益递减则降低了农业生产率，不过幸运的是，这种影响至少部分地被边疆运动和三圃制的有限采用抵消了。

第六章

13 世纪的欧洲

我们这里说的 13 世纪与其他几个世纪并不相像。首先，我们所说的"这个世纪"的持续时间不是 100 年。我们不能确切地知道它从哪一年开始、到哪一年结束，我们当然也无法得悉它到底有多长。我们之所以会如此"无知"，原因在于对经济史学家来说，13 世纪指的其实是一组独特的因素所持续的那个时期，描述它的概况要比确定它的年代容易得多。

到了 13 世纪，西欧的边疆运动宣告终结。但是，13 世纪并没有终止人口的增长。人口继续以惊人的速度增长。城市地区扩大了。无论地方性的、地区性的或国际性的商业贸易都很繁荣。总之，这是一个很有活力的时代，开始于 10 世纪的扩张到这时进入了鼎盛时期。13 世纪到底有多少年虽然无法确定，但可以确定的是，这个时代将边疆社会的发展（那时似乎每个人都得到了好处）与"令人厌恶的" 14 世纪的种种恐怖（那时似乎每个人都蒙受了损失）联系了起来。这是介于中世纪历史上两个截然不同的时期之间的一个时代，它充斥着各种各样的反差、悖论，留下了许多极有意思的历史问题。13 世纪代表了中世纪的"秋季"。对于这个世纪，首先要问的一些问题包括：为什么前几个世纪那种明显的粗放型增长和集约型增长未能继续下去？为什么西欧经济这一次不能摆脱以往一直纠缠着人类的"马尔萨斯幽灵"（Malthusian specter）？这些问题都十分重要，在本章中，我们试图给出这些问题的答案。

第一节

对于公元 1300 年以前的任何一个历史时期，我们所能得到的定量数据都少之又少，这大大限制了我们能够得出的关于经济演化过程的任何结论的精确性。虽然总的轮廓是清晰的，但是对于各种变化的精确年份的测定，其实只能是推测性的。定性的资料则很丰富。13 世纪显然是一个经济大幅增长的时代，也是欧洲经济在真正意义上觉醒的时代；是相对价格和绝对价格都发生了变动的时期，也是商业和贸易猛烈扩张的时期。所有这些，都可以从当时人们的记述和描述中得到证实。

研究这个时期的所有经济史学家也都认为西欧的人口在 13 世纪是增长的，而且在边疆地区的增长速度很可能比中心地区要更高，因为在中心地区早就出现了新增劳动收益递减的情况。因此我们可以推测，英国和德国可能经历了比其他地区更快的人口增长。据估计，英国的人口从《末日裁判书》编成的那一年（1086年）开始到1300年，差不多增加了250%。虽然这种估计的误差往往很大，但是各种地方性研究似乎也都说明人口确实出现了这个数量级的增长。

不同地区之间在人口密度上的差异呈现出了一些引人注目的反差。南欧，特别是北意大利，是人口最稠密的地区。在佛罗伦萨，人口密度达到了每平方英里200人。那不勒斯王国在黑死病流行前的人口可能已经达到了330万，即每平方英里大约100人，这个人口密度大体上与法国相当——据估计，当时法国的总人口大约介于1 600万至1 700万之间。加泰罗尼亚虽然属于欧洲人口迁移的"边区"，但是人口密度也达到了每平方英里43人。米兰和威尼斯这两个大城市都自夸拥有20万的人口，至于其他意大利城市，如佛罗伦萨、热那亚、那不勒斯和巴勒莫，人口也都达到10万左右。这些城市堪称那个时代的"庞然大物"，人口规模远远超过了它们周边的竞争对手。

相比之下，在意大利之外，巴塞罗那大约有4万人；巴黎如果不算其近郊人口，那么人口应该不足10万。不过，13世纪达到了西欧城市商业发展最高峰的地区其实是尼德兰[①]。尼德兰的战略位置非常重要，它位于西欧商业扩张的天然十字路口上，到13世纪时已经发展成为制造业和商业的中心。在默

[①]　尼德兰（Netherlands）意为低地（低地国家），在本书所述的时期，尼德兰包括的区域相当于今天的荷兰、比利时、卢森堡和法国北部部分地区。但是本书作者其实是将"Netherlands""Dutch"和"Holland"混用的，为了便于读者阅读，中译本将这几个词大多译为"荷兰"，在一些情况下，也有译为"尼德兰"的。——译者注

兹河流域（Meuse River），许多小城镇都从事金属制造业；在斯凯尔特河流域（Valley of the Scheldt），则有许多小城镇专门经营羊毛纺织业和商业。布鲁日已经发展成了当时北欧最先进的港口，邻近的城镇在它的带动下也很繁荣。根特和布鲁日在极盛时期人口可能都已经达到了 5 万。不过，尼德兰地区最不同凡响的地方并不在于单个城市的绝对规模大，而是这个地区整体上具有的大都会区的特点，那就是城市人口在很早的时期就超过了乡村人口，这是在意大利半岛之外绝无仅有的。英格兰在这个时期相对来说还处于未实现城市化的阶段，虽然它最大的城市伦敦的人口规模几乎已经翻了一番——从大约 2 万人增加到了 4 万人左右。不过，由于整个欧洲的总人口和城市人口都实现了增长，所以很难说欧洲在这个时期城市化程度是否更高了。

只对 13 世纪的价格进行初步的考察，是不能像我们所期望的那样得出最后的定论的，因为能够覆盖整个日历世纪的数据仍然极度匮乏。我们确实已经获得了几组贯穿了这整个世纪的农业产品价格数据，但是只获得了后半个世纪的大体上连续的非农业产品价格和工资数据，而对于 1250 年之前的那些年，则只有若干零星的数据。至于租金的有关数据，那就更少了，我们只能从残存的零星观察记录中得出关于租金的趋势的一般印象。

不过，相对价格变动的总轮廓已经可以勾画出来了。英格兰的小麦价格显然出现了大幅度的上升。按白银计价的小麦价格指数，从 1180—1199 年间的 140（将英格兰在 1160—
1199 年间的以白银计价的小麦价格取为基数 100），上升到了
1300—1319 年间的 325。[①] 其他几个用经常账户的单位数表示
的价格指数序列，也都证实小麦和其他农业产品的价格普遍出
现了大幅上升。公认的看法是农业产品价格不仅比非农业产
品价格上升得更多，其增长速度也比工资更快。M.M. 波斯坦
（M. M. Postan）在最近发表的关于中世纪英国经济的论文中提
供了一些关于 13 世纪后期租金急剧上涨的证据。他描述了土
地从牧场到耕地的剧变、土地收入的下降以及殖民活动的终止
（因为最后的土地储备即将耗尽）。[②] 波斯坦认为，由此导致的
农业产品价格的上升（同时货币工资则保持不变），使得实际
工资在 1208—1225 年间下降了 25%、在 1225—1348 年间又
下降了 25%。

　　这个时期出现的模式可以总结如下：以英格兰为例，农业
产品价格相对于大多数非农业产品价格都上升了，相对于货币
工资也上升了，但是也许还不如租金上升得那么多。虽然欧洲
其他地区的有关资料甚至比关于英格兰的贫乏的资料更加不完
备，但是似乎已经足以证实那里也存在着相同的趋势。

　　还有一个问题，13 世纪的一般价格水平上升的速度是不
是接近于作为它的主要组成部分之一的农业产品价格上升的速

---

　　① 　D. L. Farmer, "Grain Price Movements in 13th Century England", *Economic History Review*, 2nd series, 10 (1957-8), 207 seq.

　　② 　"The Agrarian Life of the Middle Ages", *Cambridge Economic History*, 2nd ed., vol. I (Cambridge University Press, 1966), pp. 552-559.

度？皮雷纳（Pirenne）和布洛赫（Bloch）等历史学家都认为确实是这样的。近年来关于英格兰经济的研究似乎也支持这个结论。上述说法的正确性可以通过一个简单的逻辑推理来说明。我们不妨考虑一下以下问题：既然我们关于非农业产品价格的资料极度匮乏，那么请推算一下，假设让农业产品的价格如实际发生的那样上升，那么非农业产品价格必须下降多少才能使一般价格水平保持不变？前面给出的关于小麦价格的数据表明，在那个世纪里，农业产品的价格上升了大约230%。要记住农业产品可能占了英格兰当时全部产品的80%左右，因此非农业产品价格必须下降90%左右才能使一般价格水平基本保持不变。如果真的是这样，那么理所当然会成为那个世纪的最主要的经济事件之一，肯定会在历史上留下相应的记录。因此，合乎逻辑的结论只能是，13世纪不仅经历了相对价格的急剧变动和实际工资的大幅度下降，而且经历了普遍的通货膨胀。这个结论不仅对英格兰来说是正确的，对整个西欧来说也应该是真实的。

如果说关于人口和价格的定量数据太少了，那么关于国际贸易的成交量的资料就更匮乏、更零散了。在这里，我们必须依靠相对丰富的定性描述，才能得出当时国内贸易和国际贸易得到了大幅增长的结论。这种增长发生在中世纪，至13世纪达到高峰。在这个蓬勃发展的行业中，领头羊是意大利各大港口城市，其他参与者还包括多个像佛罗伦萨这样的重要内陆城市，以及其他更小一些的国内贸易中心，它们共同组成了一个不断扩展的国际贸易网络。此外，"地中海盆地"的周边还散布着一系列小型城市。在整个 13 世纪，威尼斯仍然一直处于领先地位，紧随威尼斯之后的是热那亚、比萨、阿马尔菲和巴勒莫等城市。这些城市通过汇兑和贸易将很多非常遥远的地区，如亚非两洲交界处的君士坦丁堡（Constantinople）、北非沿海各地以及马赛和巴塞罗那等南欧城市联系了起来。地中海成为意大利商船的一条巨大的快速通道。

当然，中世纪欧洲的贸易网络绝不限于地中海地区。最早是热那亚人、然后是威尼斯人，他们驾船出海，冒险开拓国际贸易。他们先是来到了西班牙北部，然后登上了英伦三岛，最终来到了尼德兰地区。意大利人的扩张也不限于海路。意大利商人还经由陆路前往德国和法国香槟地区的集市拓展贸易。这样，到了 13 世纪，历史悠久、名声显赫的地中海商业，就通过陆路和海路与北欧日渐发达的贸易连成了一个整体。到了 13 世纪末，意大利的商人已经广泛定居于北欧各地。

北欧贸易具有不同于意大利贸易的特点。除了毛皮外，北欧主要经营价格较低的大宗商品。在这里，谷物也是国际贸易中的主要商品。像波罗的海地区、早期的英国和法国的某些地区等有剩余谷物产品，都会把谷物出口到人口稠密、粮食匮乏的佛兰德斯和其他低地国家。

酒也是北欧的主要贸易品。在 13 世纪，越来越大的环境差异，导致北欧出现了许多各具特色的重要酿酒中心。普瓦图、加斯科涅（驰名的波尔多葡萄酒酿造中心）、勃艮第和摩泽尔即便在那时，就已经发展成为专业品质葡萄酒的著名生产中心。在这个世纪，酒类贸易商已经成了整个欧洲（特别从加斯科涅到英格兰）的商船的主要"雇主"。

另一宗重要的贸易品是木材。木材广泛应用于造船、制作箱柜、包装及各种建筑。出产木材有限的各个地区（如佛兰德斯）从仍然生长着茂密的森林的北欧地区买进了大量木材。

羊毛织物可能是北欧地区最值钱的贸易品。生羊毛最初是由英国供应的，毛织业的地理中心位于佛兰德斯，与它相邻的布鲁日、伊珀尔、根特和杜埃等城市都发展成了北欧的织物布料贸易的重要中心。以布鲁日为例，它之所以能够拥有阿尔卑斯山以西的最重要的市场，就可以用织物贸易的发展来解释。来自北欧各地的商人把他们的货物运到那里，用以交换织物或其他地区的产品。从布鲁日出发，通过水路可以很方便地进入各低地国家，同时这个地区从地理位置上看是北欧的中心，这些因素保证了它在北欧商业发展中的重要地位，再加上香槟集市的衰落和通往地中海的海上航线的开辟，使得布鲁日到13世纪末终于发展成了一个商业中心。

随着远程贸易的发展，地方性市场也紧随着在北欧各地壮大和兴旺起来。例如，英国仅在这个世纪的前75年里，国王授予各种市场和集市的特许状就超过了2 200份。据此，我们可以很有把握地推断，其他地区应该也经历了类似的商业发展。

由于定量数据非常匮乏，我们没有办法对这个时期的商业发展速度或人均贸易额做出准确的估计。然而，同时代人对 13 世纪欧洲的描述足以让我们确信，各个层次（地方性的、区域性的和国际性的）商业活动都在兴起、自给自足的经济正在衰落、专业化正在西欧以前所未有的规模推进……所有这些都是不容置疑的。一个真正的市场经济在形成，不过它是在农业依然在整个经济中占主要地位、农业产品和初级产品仍然可能在北欧内部贸易中占据最大份额这样一个环境中形成的。

第二节

上面给出的历史证据虽然是零星的、片断的，但是借助经济学理论的帮助，已经可以拼接成一幅在理论上一致的画面了。如前文所勾勒的，在这个世纪中，相对价格的变化，受到了经济系统中各个经济部门之间的相对生产率和（或）不同生产要素之间的相对生产率的变动的影响。影响生产率的因素包括技术变革、组织变革以及不同生产要素之间在扩张速度上的差异。显然，是最后一个因素，特别是人口相对于固定的土地供给的迅速增长，解释了 13 世纪西欧经济增长的模式。

自 10 世纪以来，整个西欧的人口一直在增长。不过在

13 世纪开始以前，大部分地区的劳动供给的增加，都遇到了普遍的收益递减问题。正如我们在前面已经看到的，边疆已经消失了，这意味着此后再增加的劳动力只能更密集地投入到已耕种的土地上。由于在这一整个世纪中人口一直在持续增长，所以边际劳动生产率进一步下降了，从而工资相对于土地的价值也下降了。

现在，在收益递减条件下生产出来的农业产品的价格，相对于不受这种条件制约的非农业产品的价格出现了上升。相对于劳动力的增长，可耕地已经可以视为固定不变的了，但是由于投入到非农业生产活动中的劳动不受这种影响（在这些生产活动中，土地在生产过程中起到的作用无关紧要），所以非农业产品仍然能够以不变的成本提高产量以应对需求的增长。因此，13 世纪西欧总产出的增长，必定意味着农业产品的价格相对于其他产品上升了。

农业部门普遍存在的收益递减现象，对人口增长是不利的，因为大多数人仍然被固定在了土地上。在其他情况都保持不变的条件下，农业这个主要经济部门的人均生产率的下降必定意味着，每一个从事农业活动的人的产出将下降。再者，要养活增加的人口需要更多的粮食，这就要求收入在两个主要生产要素即土地和劳动之间进行再分配。在整个 13 世纪，劳动的报酬在下降，而土地给它的所有者带来的回报则比任何时候都要多。由此导致的一个直接后果是，大部分人的经济福利都出现了急剧下降。间接后果则是，现存的农业制度安排中一些重要的关系开始紧绷起来了。

然而，人口增长在直接导致生活水平下降的同时，也扩大了贸易发展的机会。虽然这个次级效应往往会加剧相对价格的变动，但是因为它能够带来总生产率的提高，所以对福利水平也会产生相反的作用。

正如我们已经看到的，西欧的人口增长——通过扩大了地区之间在要素禀赋上的差异——为贸易的大幅扩展奠定了基础，即它促进了生产的专业化、扩大了商业活动的基础、降低了交易成本，并鼓励人们通过市场机制去更好地利用各种专门的资源禀赋。生产率的提高显然受益于专业化、劳动分工，并受益于当时几乎出现在所有经济部门中的技术、组织和制度的效率改进。即便是农业，如果没有受到如此严重的收益递减的制约，"为市场而进行的生产"的扩展，应该也可以提高它的总生产率。

就生产率提高的程度而言，意大利的城市很可能要大于北欧的城市。意大利各城市能够养活那么密集的人口，表明它们的经济组织的效率可能远远超过了北欧各城市在中世纪显示出来的水平。国际性的专业化和分工的扩大，再加上意大利人在生产性的制度创新方面的领先（下面马上会讨论），使得这些意大利地区牢牢把持了贸易收益。意大利各城市能够从这种外延式扩展的商业中获益，这正是它们能够"早熟地"发展起来的基本原因。

因此，人口增长本身通常会扩大市场，并使之适合采用新的生产技术、组织和制度。通过提高制造业部门的生产率、降低利用市场交换产品的成本，这类变革加剧了这个世纪出现的相对价格的变化。[①] 不过，生产率的提高也增加了收入、提高了福利水平，这通常能够在一定程度上抵消农业部门的收益递减趋势带来的某些直接后果。当然，农业部门出现的任何改进，都会在实际观察到的相对价格变化的相反方向上起作用，并且有利于福利水平的提高。在下面，我们将证明，由于农业部门现存的制度安排，这个部门的任何改进都只能对人均收入产生微弱的影响。

事实证明，13 世纪人口增长对总生产率有利的次级效应不足以抵消它的不利的主要效应。这一点是可以肯定的。养活越来越多的人口的需要完全淹没了人口增长带来的生产率提高。虽然市场经济的兴起可以缓解局部地区的饥荒，但是事实表明它完全无力防范更普遍的灾难。

在公元 1200 年以前一度到处出现的局部性质的饥荒，到

---

① 交易成本不仅使农业部门与制造业部门彼此分隔开来，而且将它们与最终消费者分隔开来。对于交易成本，我们可以用看待一种税收的方式来看待它。当交易成本下降时，消费者和生产者面对的价格、每个部门的产出都会受到影响，影响的具体程度则取决于供给和需求的弹性。可以把制造业的供给假设为是有完全弹性的，而把农业部门的供给弹性假设为某个正值。这样一来，当交易成本出现了普遍下降时，不会影响制造商收到的价格，但是会全额降低消费者支付的价格。在农业部门，消费者和生产者将按相关弹性分担，消费者支付的价格不会全额降低。因此，消费者为工业产品支付的价格相对于为农业产品支付的价格将会下降。这样一来，两个部门之间的贸易条件将朝着与农业部门中的收益递减引起的变化相同的方向变动。但是，贸易条件变化的这两种原因的福利后果是完全不同的。

了 13 世纪时已经慢慢隐退到幕后，不再那么有威胁了。第一次，人们可以利用一部分地区的剩余产品去维持那些歉收地区的人的生存了。毫无疑问，这样做明显是有益的。然而随着人口在更大地区范围内的持续增长，收益递减的"幽灵"也困扰了越来越多的地区。蔓延范围更广泛的是人均收入下降的现象，特别是贫困阶层的人均收入下降。在历史上，1347—1351 年发生的那场瘟疫被认定为这个世纪增长的转折点，不过在事实上，转折点更有可能出现在 13 世纪末（按日历），普遍饥荒的序幕就是在那时揭开的。

在 1307—1317 年这十年间，大饥荒在整个欧洲蔓延，预示着一场更大的危机即将降临——尽管标志着整整一个时代终结的最后一个巨大的惊叹号，仍然要等那场大鼠疫到来才能打上。

第三节

13 世纪发展起来的基本经济关系现在应该已经可以看得很清楚了，但是它最多只能部分地解释经济在这个时期没有实现自给自足式增长的原因。要找到答案，就要分析为了适应前面描述并解释过的各种经济力量而发展起来的经济组织和制度的性质。

不断扩大的贸易对农业和非农业部门的制度结构的影响是非常显著的。在 12 世纪后期和整个 13 世纪，为了获得商业部门的潜在利润，人们就各种各样的辅助制度安排进行了很多试验。这种利润来自降低信息成本、分散风险以及将外部性内在化。正如我们可以预料到的那样，在这些制度变革中一开始处于领先地位的是南欧地区，特别是意大利各城市，它们长期支配着地中海地区的贸易，并享有最大的市场。①

　　为了进行海上贸易，这些城市的商人发明了两种新的契约安排——委托制（commenda）和合伙制（societas）。这两种契约安排都涉及一个在外经营管理的人与留在当地的投资者之间的合作，前者称为"行商"（tractator），后者称为"委托人"（stans）。这种契约形式，一开始只适用于单次商业远航贸易，目标是以自愿合作的形式找到资本和经营合伙人、分散和减少风险以及改善信息流动。② 因此，委托制和合伙制极大地增加了那些有冒险精神的人从事有利可图的对外贸易的机会。

　　这个时期发展起来的另一项辅助性制度安排是存款银行业务。虽然存款银行并不是一个全新的制度组织形式（可能在罗马时代就已经存在了），但是它们的复兴则是从 12 世纪

---

　　① 市场的扩大鼓励了发明和创新——至于理由，已经在上一章中讨论过了。这里还必须再一次指出的是，因为发明者不能获得自己的研究成果的全部收益，发明创造还无法达到社会最优水平。

　　② 关于进一步的讨论，请参见，《剑桥经济史》（*Cambridge Economic History*），第三卷，第 49～52 页。投资者只需承担有限责任，从而进一步减少了这种经营形式的风险。"海上贷款"（sea loan）是另一种开展海外贸易的契约安排。同上书，第 53～58 页。

末和 13 世纪初开始的。存款业务所依据的法律原则是原先就存在的，不过沿袭了早期的罗马法。这项业务得到了复兴以及它在整个欧洲广受欢迎的事实证明，人们对于能保障安全、降低商业活动筹资成本的资本市场的需求在不断上升。

保险业也是在这个时期初露峥嵘的。正如我们能够预料到的，保险业的出现与海上贸易有关，最早的创始者也是意大利人。在那个时候，承保的项目并不全面，最多只能按货物价值的某个百分比投保。目前已知最早的一例保险贷款可以追溯到 1287 年，它的有始创意义的保险契约条款是由巴勒莫的一名公证人起草的。后来，保险业务扩展到了其他城市，从而有效地利用了市场机制的作用分散了风险。保险至少为有冒险性的海外贸易抗御风险提供了部分保障。即便在这么早的历史时期，这种成功也足以导致保险业最终扩展到其他许多经济活动——只要在那些领域中，通过精算方法确定的风险是可以保险的（从而允许这种制度创新）。

在存款银行业务之后，还出现了另外一些有利于信用延伸的制度。当时涌现了一大批头脑灵敏的人，他们不仅发明了多种多样的汇票和多种不同形式的直接贷款契约（以支持远程交易），还设计了收回和偿还贷款的多种机制。地区集市的数量增加了、规模也扩大了，因为很明显，这些地方性的集市可以缩短原本相隔很远的卖家和买家的距离，简化他们的资金交易。事实上，这种集市就是最早的有组织的市场，在那里卖家在规定的时间聚集到一个指定的地点，从而吸引买家。

例如，在 12 世纪和 13 世纪，位于法国中心地带的香槟集市，在南欧和北欧之间的商业活动中曾经发挥过非常突出的作用。到最后，那里形成了六个集市，它们轮流开市，使得这个地区几乎一年到头都充当着西欧商业中心和南北欧商业集会主会场的角色。当商品交易量达到了相当可观的程度之后，随着交易量的不断增大，这些集市不仅成了国际贸易的主要市场，而且成了当时刚刚开始萌芽的国际资本市场的中心，为国际信用交易提供了一个组织良好的、有章可循的场所以及完成支付的机制。正是在这些集市中，逐渐演化出了兑换货币的外汇市场，例如，市场上开出的兑换比率可能是：普罗万（Provins）的 1 苏（sou）或 12 德尼（dernier）等于某个数额的某种外币。这实际上是一种自由浮动汇率，它是各种欧洲货币的供求关系的一个镜像，反映了相互进行贸易的各个地区之间的国际收支状况。有一种汇票，作为一种为了促进交易而发明出来的制度工具（其名称为"instrumentum ex causa cambii"，字面含义是"变更证书"），允许收到当地货币预付款的借款人承诺在另一个地方以另一种货币偿还。它是汇票的原型，为推动当时国际贸易的交易成本普遍降低做出了重要贡献。有了它，就可以用一张易于携带和隐藏的"纸片"代替运输和贮存都要花费高昂成本的金属货币，充当交易时的支付手段。

　　这里要再强调一下这些制度创新对提高生产率的作用，这是非常重要的。在各经济主体彼此相对隔绝的庄园制社会里，或者即便是在像佛兰德斯和尼德兰那种已经连成了一片的较大的聚居区里，到 13 世纪初之前都不曾有过关于本地的相对价格和基本供求状况的连续信息，至于对外贸易的相关信息就更不用说了。交易无论在时间和空间上都非常"稀疏"，以至于无法维持任何一个有组织的市场。13 世纪时，集市开始填补这一空白。集市作为一个重要的制度安排起到了提供这种信息的作用。在越来越大的范围里，它们取代了中世纪原有的获取信息的方法，后者是零星发生的且成本高昂的，即每一次交易都必须与某个唯一的交易对手辛苦地讨价还价。由于交易量的增长，集市提供的是适用于国际市场的一般化的价格知识，因此降低了个人搜寻市场信息的成本。同时，通过创设有效的信贷工具，集市在资本市场的发展中起到了先驱作用。上面所说的每一项创新都降低了交易成本。集市像前面描述的其他制度创新一样，成了生产率提升的源泉。

　　定期集市在 13 世纪开始衰落，渐渐被位于中心地带的城市的永久性市场取代。这个过程在意大利发生的时间还要更早一些。香槟集市的命运为我们提供了一个很有意思的例证。在香槟区并入法兰西王国后，这个地区和香槟集市都被迫承担了沉重的王室税收。同时，在 13 世纪的最后 25 年里，从意大利到低地国家的海上直通航线开通了，从而大幅降低了南北欧之间不通过香槟区的通商路线的交易成本。

市场信息的提供受规模经济的制约。一旦交易达成，价格和交易条件就提供了关于市场条件的信息。随着信息在越来越多的人中间传播，平均每个商人的交易成本就会下降。因此，信息的平均成本和边际成本会随着市场规模的扩大而下降，从而在 13 世纪的原始而日趋繁荣的市场经济中，随着贸易在一切方向上的迅速扩张，我们有理由期望会看到一个永久性的国际市场在中央地带兴起。或许，这就是香槟地区的命运，即便在这个关键时期，香槟集市没有被法兰西王室征收高额税收，即便从意大利到低地国家的新海上直通航线没有开通，它也会缓缓坠落神坛。所有这些事件合到一起，最终使得布鲁日成了阿尔卑斯山以西最重要的市场所在地。①

对于各集市此前就已经用来促进国际商业的那些组织和制度安排，像布鲁日这样的城市当然都是欢迎的。意大利人在创设前面讨论过的各种辅助制度安排（以及许多其他制度安排）方面，已经领先一步，树立了很好的榜样，北欧人有样学样，而且很快就青出于蓝，他们最初是在地区集市中、然后又在永久性的区际城市市场中加以应用。新的制度安排要求通过正式的契约安排来代替早先的非正式协议，也

---

① J. A. Van Houtte, " The Rise and Decline of the Market of Bruges ". *The Economic History Review* (April 1966), 29-48.

就是说，规定了特定形式的产权，产权则界定了允许的合作和竞争方式。这样一来，新的制度安排的实施必然要得到法律的认可。

我们现在看到的大多数商法都是这样演化而来的，它们发端于商人的"习俗"，并在那个世纪里随着当时的文化水平的不断提高逐渐编纂成文。正如我们可以预料到的，为了实施贸易协议而制定的清晰的成文法，最早也是在商业贸易繁荣的城镇和集市上出现的。由于意大利各城市在这个时期的商业发展中处于领先地位，它们在法律形式正式化方面也充当了领头羊。不过，国际商业的持续繁荣决定了原本用来指导某个重要地区的贸易的一些法律原则，最终都将不可避免地被吸收并融入指导跨区贸易的全面的法律文本当中。

商法的一个重要组成部分是关于债务和契约实施的行为规则。这些规则或者通过签订互惠协议来相互承认，或者经由市场所在地区的除封建教会法庭之外的商事法庭确认。随着商业活动的扩展，基本的商业"习俗"也传播开来。于是，比萨的海商法为巴塞罗那海商法提供了范本，后者在 13 世纪初以法典化的《奥列诺宪章》（*charte d'Oleron*）为名再现，然后又充当了尼德兰和英国制定商法时所依据的范本。

任何一个地区，要想从不断扩大的市场中受益，就必须接受商业赖以存在的稳定的基本法律，并且必须在实施法律时与其他地区保持一致。一个地区通过扩展市场活动能够获得明显的好处，这个事实使得当权者热切支持和推广这种法律规则，无论政府是由国王、贵族，还是（在兴起的城市和城镇）由商人寡头集团控制。总之，不管是谁掌管财政大权，要获得利润，都得依赖安全、有序和受法律保护的贸易路线、市场等交易场所和有效的契约安排。

既然这些可以带来利润的新制度安排只能通过法律许可来实施，强制实施需要以政府掌握的暴力为后盾，因此，一个无法改变的事实是，在创造出来的利润中必定要有一部分交给政府当局，以交换后者提供的实施法律的服务。很明显，贸易扩张会改变收入在封建社会各阶级之间的分配。但是，来自贸易的收益到底应该如何分配一直是争论的焦点。下面这个例子或者可以用来说明贸易收益应当如何分配这个问题在社会成员当中引发的争论：莱茵河上的通行税的数量，从 1200 年的 19 种增加到了 1300 年的 35 种以上。但是无论怎样分配，贸易收益还是很可观的。

国际化的集市和中心城市的兴旺便利了地区之间的商业往来，与此同时，自治市（镇）和地方性的集市也在大量涌现。这些较低级的市场能够聚集本地用于输出的产品、分配输入本地的产品，同时也便利了本地产品在地区内的交易。尽管在这期间城市人口的增长可能稍稍落后于整个乡村的人口增长，但城镇无论是在规模上还是在总数上都确实绝对地扩大了。在英格兰，像在其他地区一样，新城镇和集市的兴建受到了国王和大贵族的大力鼓励，他们出让了控制市场和建立行会的法定权利。

13 世纪城镇的兴起，主要是由于商业上的原因而不是制造业方面的原因。无论如何，当中世纪那些繁忙的商人逐渐发现，在城市里可以买到比庄园生产的产品质量更好的商品时，手工业从业者就越来越牢固地在城市中心区站稳脚跟了，这是因为市场扩大使得手工业专业化生产成为可能，工匠们可以在技艺上精益求精。

专业化虽然通过生产出更好的产品证明了自身的价值，但是现在开始逐渐僵化了，蜕变成了职业行会（occupational guilds）。在开始阶段，中世纪行会向当时的当权者——国王、大贵族或城市中的"市民团"（burgesses）——赎买来一定区域内从事某个行业的排他性专有权。这些行会作为早期的垄断者利用自己的有利地位为行会会员谋取利益。行会经常为会员申请流动资金贷款提供担保，还负责制定产品质量标准，并（常常）限制产品的数量。

任何一个行会的会员所从事的工作领域越有限、专业化程度越高，出售自己的产品的市场范围就越大。例如，低地国家纺织业的发展就见证了高度专业化的行会的演化过程。举例来说，佛兰德斯的"纺织业条例"就对从生羊毛到成衣的各道工序加以细分，使每道工序都成为一个独立的行业。一些妇女在货栈里对未经加工的羊毛进行分类定级，然后由一些男人将大块污物清除后再把羊毛发给另一些妇女，由她们在家里加工，对羊毛进行洗刷、梳理、纺纱和上浆，再交给另一些男人纺织成布，之后送到漂洗槽里，再交给染色工……此后，羊毛织物还要经过最后几道精加工工序后才能出售，每一道工序都要受一个不同的行会支配。

这种广泛的分工体系是如此高效，以至于在越来越有效的市场体系的帮助下，佛兰德斯出产的羊毛织物的价格能够定得比全欧洲任何专业化程度逊于它的地方的毛纺织业行会所定的价格更低。越来越多的地方集市的货摊上，都堆满了价格低廉的佛兰德斯出产的羊毛织物，这对英国"幼稚"的羊毛纺织业的威胁特别大。在 12 世纪，英国的羊毛纺织业实际是在拥有高超技术的佛兰德斯移民的帮助下诞生的；在英国较大的纺织城市中，织工行会在 1150 年以前就存在了，但它们主要是为本地市场生产的，现在进口的佛兰德斯的羊毛织物打破了这些行会所拥有的地方垄断地位。由此导致的结果是，英国羊毛织物生产离开了那些被垄断的城市，转移到了不受管制的乡村——这部分是为了不再受当地行会的限制（那意味着高昂的成本），部分是为了利用水力来带动漂洗机。在欧洲的其他地区，也有一些工业部门是在乡村选址的，不过是出于另一个更直接的原因：开采金、银、铜、铁、锡和铅等矿产原料，在当时能够带来很大的收益，因此采掘业成了一个重要的行业，虽然由于技术过于原始，开采深度一旦达到了容易冒水的程度，成本就会大大上升。到了 13 世纪的后期，一般的采掘业都遇到了收益递减的情况。

在 13 世纪，从在本地区总产值中所占的份额来看，制造业在大多数地区都不如农业重要，可能也不如商业重要。不过，决定生产模式的仍然是市场。商业利润扩大了信贷，从而对制造业的生产过程本身产生了决定性的影响——如果说实际上并没有支配后者的话。从数量上看，通过这个途径提供的流动资本要比制造业本身所用的固定实物资本更重要。通常来说，制造业仍然是高度劳动密集型的，并且服从规模收益不变。唯一的例外是采掘业（采矿和冶炼）。在采掘业，成本会随着产出的扩大而上升。

在 13 世纪，中世纪欧洲的商业增长带给社会的收益是非常可观的。利用市场配置资源的成本出现了大幅度下降。由此导致的一个结果是，随着市场的扩大，专业化带来的收益也在提高。西欧和南欧之间已经建立起定期的、连续不断的贸易关系。专业化从事制造业和商业的地区，如佛兰德斯和布鲁日，都已经相当发达了。另一些地区则专业化生产小麦、酒、羊毛和木材等。

西欧大部分劳动力仍然被束缚在土地上，因此我们要小心，对上述发展也许赋予了过多的意义。我们已经知道，正是农业这个主导部门的生产率在 13 世纪的下降预示了接下来几个世纪的黯淡前景。现在必须考虑的问题是，为什么利用市场的成本下降并没有像导致商业和制造业的生产率提高那样，在农业这个部门带来生产率的提高？

答案在于：利用市场的成本下降，虽然在某些方面也给农业带来了收益，但是这些收益并不足以抵消人口的持续增长所造成的生产率的下降。农业通常要受劳动力不断增长而收益递减的规律的制约，但是这个条件不会使工业或商业陷入困境，因为当出现了收益递减且劳动力继续增长时，工业生产率以及工业所雇用的劳动量都将下降。除非贸易、组织改进和技术变革所带来的收益非常大，足以抵消收益递减的损失，否则这种下降肯定会出现。毫无疑问，农业部门通过提高专业化程度，也可以使生产率有所提高。如前所述，不同区域在小麦、羊毛和葡萄酒等产品的生产上的专业化，肯定为生产者带来了一定贸易收益。与自给自足时相比，当人们为市场而生产时，消费品的品种要多得多，质量也会好得多。

市场的扩大使得人们能够通过专业化获得一定收益，但是同时似乎又给组织效率造成了负面影响。现在逐渐出现了这样一种趋势：领主将领地收回耕种，即要求未获自由的佃户来耕种。以往向固定货币租金转变、将各种劳役替换为每年的固定货币给付的趋势，在某些庄园里出现了反转。在这些情况下，我们看到了传统的庄园组织的"复兴"。

传统庄园组织为什么会"复兴"？要找到原因并不困难。正如我们在前面已经看到的，在边疆地区的土地和庄园之间的土地被全部占用之后，人口仍然在不断增长，极大地改变了劳动相对于土地的价值。拥有土地产权的人，现在拥有了更高的土地价值，而劳动者所拥有的劳动价值却变低了。要素价格的这种急剧变化要求修改庄园契约以适应新的相对短缺状况，但是为了避免使情况复杂化而增加成本，支付的变更必须在现存的"庄园的习惯法"的范围内加以规定。通货膨胀大幅降低了领主以往收到的固定货币给付的实际价值，同时"庄园的习惯法"仍然视这些支付为没有变化，这更增加了领主改变契约条款的激励。（确实，"农场"（farm）这个词本身就是从词义为"固定的"（fixed）的这个词演变而来的）。事实早就证明，在通货膨胀条件下，就租金给付和代偿给付不断地进行谈判的讨价还价成本极其高昂——所需的成本不会比与传统（即庄园原来适用的法律）完全决裂的成本低多少。

　　因此，在13世纪，领主们要面对的是一个双重困境。一方面，他们必须应对价格水平上升而导致的货币收入的实际价值下降的问题；另一方面，他们还要应对人口增长引起的土地价值的增值归承租人所有而不归自己所有的问题（在按通行的固定租金执行时）。从领主的角度来看，虽然规定固定实物租金或采取分成制就足以解决通货膨胀的问题，但是如果还想解决土地实际价值上升所引发的问题，就必须定期重新进行谈判，以确保自己能够从土地增值中得到更大的份额——在13世纪庄园经济的制度结构内那将是一个成本高昂的过程。有鉴于这种困难，成本较低的办法往往是，行使自己的传统权利，将领地收回直接耕作，而不是经常性地重新对现存契约的交易条件进行讨价还价。

　　因此，这种推理可以解释在市场经济已经存在的情况下，面对劳动实际价值的不断下降，为什么会出现如下这种看似自相矛盾的现象：恢复了以各种劳役的形式直接耕种领地的传统做法。显然，此时的劳动价值与确定固定的代偿给付额的12

世纪相比，肯定要低得多，但领主通常还是选择要求农民承担各种劳役（尽管其实际价值更低），而不是继续接受代偿的货币给付并雇用自由劳动者。这种转变很明显在非常广泛的地区都发生了，尽管农民人数极多以至于他们拥有的土地不足以让他们完全在自己的土地上工作，尽管强制劳动必定会带来偷懒怠工那个"臭名昭著"的问题。

这也就意味着，由于通货膨胀，尽管实际价值下降了，但是自由劳动的货币价格可能已经上升到了使工资大于定额代偿给付的那一点上——于是在那种情况下，领主选择再次要求改回劳役形式。也许，我们不应过分强调劳役模式"复辟"所达到的程度，因为我们没有足够的证据来准确地估计这种情况的发生到底有多普遍，只能证明某些庄园确实退回到了原先的劳役制。

在固定地租和代偿给付仍然继续存在的那些庄园中，领主很可能采取了别的方法来适应相对价格和绝对价格水平的变动。在这种条件下，领主——只要有机会——可能会逐步提高所要求的支付额，使之与相对要素价格的变化更加一致。除此之外，我们还发现领主提高并收取了他们的"公认权利"范围内的每一笔款项，当然这丝毫不足为奇。农奴和通常的佃户（他们共同构成了大部分农业人口）越来越被当成非自由农民看待，他们无法在不失去土地的情况下离开自己的土地，他们也不能在未经领主许可的情况下买卖他们对其土地的权利。此外，他们还必须先经领主许可才能嫁女（有时甚至娶儿媳也一样）。他们去世后，他们的继承人要先交纳死亡捐（death dues）——包括遗产税（heriot）和丧葬金（mortuary）——才有资格继承土地，然后还要交纳越来越高的"入地金"（entry fines）才能得到土地。除了各种劳役之外，农民需要交纳的还包括年度租金，在有些地区还要加上一种名为"塔利税"（tallage）的随意向佃户家庭征收的税。在有的地区，农民甚至在出售自己的牲畜时也必须先获得特许证。

在13世纪，这些限制性措施使佃农背上了越来越沉重的负担，它们全都是领主用来攫取不断增长的土地价值的手段。每一种限制性措施的设计，要么保证交纳给领主的数额会随着土地价值的上升而提高，要么保证领主能够收到他的捐税。例如对农民迁移和出售财产的限制，就是为了保证领主能征收到遗产税和丧葬金。当然，许可费也是一种重要的收入来源——当领主选择授予许可时。"入地金"也可能不断提高，这样领主可以通过它再攫取到一部分上升的土地价值。授予各种特许状和许可证时收取的费用，都可以随佃农所拥有的财富的多寡而不同，这也是一种手段。

因此，佃农的各种负担就成了用来提高给土地所有者的支付（相对于给劳动者的支付）的手段。每一种负担都是领主的"公认权利"，由"庄园的习惯法"保证其实现。不过，这些负担的总额不可以超过土地的经济价值，不然的话佃户就只能放弃土地远走他乡。通过增加和提高这类支付来适应不断变化的形势要比创造一个全新的机制更有效，因为后者在其初始阶段会与庄园的基本制度发生冲突。

然而不幸的是，农奴制度的基本限制隐含着许多对怎样有效地组织农业生产很重要的含义——土地不得自由转让、严格限制劳动力的流动，很明显都会阻碍资源的有效配置。生产效率高的农民很难获得更多的土地、低效率的农民也很难将自己的全部或部分土地处置掉，这种情况肯定会降低农业生产的总效率。即便某种法律手段可以帮助农民，但是要利用它们也不可能是全无成本的。限制劳动力从劳动力充裕的地区向劳动力短缺的地区流动，也会产生同样的效应。出售牲畜必须先交纳许可费，这妨碍了牲畜养殖的专业化。每年都要交纳的"塔利税"和为了获得各种许可证而不得不付出的费用（数额往往会随着农民人数的多寡而变），无疑阻碍了财富和资本的积累。

因此，农奴的各种义务阻碍了资源在当时占主导地位的农业部门中的有效配置。农民所拥有的一切、所获得的一切，都必须与他的直接领主分享，这个事实使得闲暇的价值高于其真实社会价值，从而导致农民没有激励在生产性的活动中投入太多劳动。

正如我们在前面已经看到的，劳役制的卷土重来，起因是这个时期的价格不断变动，它对农业部门的总体效率带来了同样的灾难性后果。由于劳役制越来越多地用于耕种领地已经成了一种趋势，所以在一种鼓励偷懒、需要有严格监督的制度下工作的农民占全部农业劳动力的比例越来越大，这使得劳动生产率进一步降低——因为劳动力相对于土地更加充裕，劳动生产率本来就已经大幅下降了。

虽然这些变化已经够不利了——它们还使得农业部门很难有效地适应已经发生了变化的条件，但它们并不是影响农业部门生产率提高的唯一障碍。我们已经看到，农民既没有什么激励通过提高生产率来增加自己的财富，因为无论有多少收益，领主都将把其中的大部分拿走，甚至也不能通过远走他乡来改变自己的命运，因为这是普遍状况，相反，只有对土地拥有了一系列特定权利的所有者——领主——才是唯一可以从农业生产率的提高中受益的人。

由于领主的人数非常多，所以就单个领主而言，也没有什么激励去改弦易辙不再勒索农民，或者去推动研究开发和促进创新。改变庄园的基本制度安排需要付出高昂的成本。并不是所有农民都能够从任何变革中受益，而且即便是在现存的规则体系的范围内进行小小的增删都难免会引起农民的不满和骚乱。既然通过改进农业生产工艺和技术而增加的社会产品中，没有领主能够获得其中的哪怕很小的一部分，也就难怪单个领主不会有多少激励去尝试改进农业生产工艺和技术了。合乎理性的反应是，等待其他领主去承担研究开发成本，再对已经证明成功的措施简单加以模仿。当然，如果每个领主都选择了这种等待策略的话，也就不会有什么进步可言了。

不过，在农业部门也并不是所有的制度变化都是与提高效率背道而驰的。例如，土地的经济价值的提高，导致了英格兰土地法的重大变化。这些变化只影响完全保有地产的自由持有农（freeholder，下文有时简称自由农民）而不会影响农奴。虽然我们无法确切地知道，在 12 世纪时英格兰的土地到底有多大比例是由自由农民保有的，但是可以肯定这部分土地只占土地总数的一个很小的比例。自由农民（他们必须完成的为领主的劳役是固定的和有明确规定的）拥有的土地在这个世纪里逐渐变成可以自由转让的。

这在格兰维尔的时代（Glanvil's time，12 世纪 80 年代）还是不可能的，当时人们最多只能在出租形式的掩饰下来转移土地。不过到了 13 世纪末，通过"代替"（substitution）的方式——由买家代替卖家履行义务——自由农民获得了出售土地的权利。这样一来，私有产权定义中非常重要的一项——享有权和转让权——就在英格兰的法律中确立下来了。虽然它只适用于英格兰的土地中的很小一部分，但这个先例的意义是极其重要的。

财产权发展历史上这重要的一步是克服了许多重大的争议才迈出的。土地的实际价值的上升，通过社会各阶层之间的竞争，为确立、重建和确定对土地的财产权提供了激励。在这个过程中出现了两个关键性的法令，第一个是 1235 年的默顿法令（Merton statutes），另一个是 1285 年的威斯敏斯特法令（Westminster statutes）。这两个法令允许只要给佃农留下了足够的土地，庄园领主便可把荒地圈围起来。这样一来，领主们就获得了对大片以前属于所有居民的庄园土地的排他性专有权。

在这个持续的争议过程中，其中一个关键因素就是土地的转让权。封建法律并不承认土地所有权的概念。在封建法下，对土地的权利的基本特点是，几个人都对同一块地有管辖权或各自拥有并分享对同一块地的某些特定权利。国王、总佃户、中间佃户、最低佃户（或者，简化一些说，国王、领主和农民）都可以分别从土地获得各自的收入，这种情况称为凭借附属于土地的"权利"（incidents）获得收入。①

土地的转让有两种方式：一是"代替"（substitution）；二是"再分封"（subinfeudation）。第一种方式要求受封人将土地交还给领主，领主再把土地授予（"封给"）另外的人；第二种方式要求受封的领主把全部或部分土地再封给另外的人，于是这个领主本人也就成了接受他所转封的土地的人的领主，后者则成了他的封臣（佃户）。土地的权利或义务在这两种情况下都会保留下来。不过，再分封可以为封建链条再增加一个环节。如果发生了争执，领主只能对自己的封臣（佃户）采取行动，而不能对自己的封臣的封臣（佃户）采取行动（"我的封

---

① 封君（君主或大领主）把土地分封出去后，除了可以享有该土地上封臣提供的军役之外（这种军役后来转化为免服军役税或"盾牌钱"），还可以因土地享有封建协助金（Feudal Aids）、继承金及先占、监护和婚姻、没收和收回等权利。除了封建协助金之外，这些权利通常称为"Feudal Incidents"，字面意义是指当封臣方面发生了某些特殊事件时（如继承、结婚等），封君可以取得收入。因此，这里的"incidents"，既指事件，也指封君的权利，实际上是封君的一种收入，本书一般将它译为"权利"或"依权利取得的收入"。——译者注

臣的封臣，不是我的封臣"）。万一自己的封臣（佃户）突然消失不见了，那么在封建阶梯上居于高位的领主就会失去对土地的权利，因为他们在法律上对实际拥有土地的人没有追索权（recourse）。

如果佃户是自由农民，那么上面这种情况就特别容易发生。正是因为考虑到领主所面临的这个问题，1217年重签《大宪章》（Great Charter）时专门规定："从今以后，自由人不得放弃或出售其土地的大部分，以至于剩余部分不足以负担需交纳的与劳役相当的税费。"在13世纪，王室法庭相继颁布了一系列法令，逐渐允许自由农民之间可以以"代替"形式进行土地转让而无须"中间佃户"（领主）同意。1290年的《封地买卖法》（Quia emptores）其实只是以法律形式确认了原已通行的惯例。这个法令特别明确禁止了"再分封"制。有意思的是，直到1327年，这项权利才扩展到了"总佃户"。

我们还要探究一下英格兰的自由持有农是怎样获得可以将自己所拥有的全部土地都转让出去的权利，从而获得了这种无限接近于无条件继承的土地所有权（fee-simple ownership）的财产权利的。这应该很有启发。"诺曼征服"（Norman conquest）给英国带来了一个比封建社会中的任何其他政府都更强大、更中央集权的政府。集中到英格兰的王室法庭的权威，是欧洲大陆任何国家和地区都不可比拟的。在13世纪，王室法庭逐渐扩大了它相对于领主法庭的裁判权。在它们的相互争夺中确立的最关键的先例之一是，明确规定王室法庭拥有对自由农民的裁判权。自由农民开始被定义为义务受到了严格限定的人。由于庄园领主丧失了对自由农民的裁判权，他们也就失去了对后者的土地财产的控制。英国的这种有利的条件在封建社会是独一无二的。除了尼德兰之外，其他地区的法律制度仍然不承认土地的排他性财产权。罗马法在欧洲大陆特别是在德国的复苏和应用，也并没有为佃户提供法律保护，佃户承租的土地往往会被任意收回，而且继承来的租约不能得到承认。因此，在 13 世纪，欧洲大陆的土地私有权的发展全面落后于英国。

第四节

人口增长以及随后有组织的市场和货币经济的扩张，改变了导致封建社会出现的那些基本条件。在本章前一节中，我们已经看到了它们对农业和非农业这两个私营部门造成的某些后果。它们对公共部门也产生了同样具有革命性的后果。我们把封建主义看作一种契约性的财政关系——在这种关系中，劳役是用来交换保护和司法的。地方领主为大领主并最终为国王提供骑士以保卫王国。在社会阶梯的底层是为社会生产产品和服务的农奴和自由劳动者。庄园是这种契约关系的焦点，这种等级制度的顶点是全国最大的领主——国王。正如我们已经看到的，在典型的封建时代，保护和司法主要是地方领主的职权。到 1300 年时，这种契约关系已经处于变化当中了，但是我们必须认真地指出，即便在那个时候，地方庄园领主仍然是司法的主宰者，在某些地区同时也是保护的主要施与者。在英格兰，自由农民受到了王室法庭的保护，但是农奴仍受制于庄园法庭。在庄园之外，仍在不断发展中的"市"和"镇"通常是自治的，它们自己提供了地方性的司法和军事保护。诚然，城镇一般仍然有一个封建君主，他提供的是防范严重的军事和政治威胁的最后保护。

再者，尽管公共物品仍然主要是地方性的，但是 13 世纪的发展已经为通向普遍性的变革指出了道路。变革的源头有两个：（1）贸易发展和对远程贸易中私有财产的有效保护的需求的增长；（2）货币经济对军事单位最小有效规模的影响。

在地方庄园边界之外进行的贸易只有在某种保护之下才能进行，但提供这种保护，不是任何一个地方领主力所能及的事情。贸易的潜在收益不断扩大，对在更大的范围内建立秩序提供了很大的激励。例如，前往香槟集市的商人如果得到了香槟伯爵（count of Champagne）和法国国王的保护，那么他们的活动就安全了。外国商人可以享有交易权，许多城镇也都采取了保障贸易自由的措施——这些都有保护超出了地方庄园的界限的迹象。确实，如果保护没有延伸到更大的范围，如前所述的 13 世纪兴旺的贸易是不可能发展起来的。前往香槟集市的商队，最迟在 12 世纪初期就已经雇用了全副武装的军人来沿途保护，但是逐渐地，提供保护的主体越来越多地从个人和庄园转移到了地区法院和男爵们，乃至管辖更大地区的君主们。这样一来，对远程贸易中的商品的私有财产权的保护，就对规模更大的政治组织的发展起到了有力的刺激作用。在13 世纪，随着地区性政府和全国性政府的职能的扩大，它们的财政需求也在增长。

变革的第二个源头是军事方面的。在典型的封建主义时代，封臣要为自己的君主提供若干骑士去服军役，通常每年服役 40 天。军役服完后骑士各自回家。在这种条件下，要组织大规模的战争有很大的困难。货币经济的发展带来了兵役免除税，即用货币给付来代替劳动投入（服军役）。这样一来，国王就有能力维持一支常备军或临时组建雇佣军了。虽然规模庞大的雇佣军的全盛期尚未到来，但是在 13 世纪的战争中确实已经越来越多地采用雇佣军了。最终的结果是，大规模的、旷日持久的战争将会出现。它也削弱了封臣相对于君主的权力，从而在事实上提高了国王对有可能不顺从的封臣的权威。

将国家保护延伸到贸易中的私有财产权、维持一支庞大的军事力量，都要耗费非常高昂的成本。那么，君主（国王）和贵族（男爵）从什么地方着手才能提高财政收入呢？在 13世纪初（1202—1203 年），法国和英格兰的君主的税源有这样一些：

在那一年里，法国国王的收入的第一个组成部分是由邑吏（prevots）和邑督（baillis）① 交上来的，总计为6万巴黎利弗尔（li. par.），这是扣除了固定数量的地方费用后的结果。这个数目中包括了法国王室的森林和农业领地的收益、依靠各种领主权利取得的收入、源于司法活动的"利润"、从市场上获得的收入以及来自教会的赞助，等等。此外，国王还得到了一定数量的直接与突发的战争紧急状况有关的特别费用——非贵族和陪臣（vavassors）交纳的军役代偿费、在领地上征收的人头税（taille），以及对领地上的城镇、教堂和犹太人征收的特别税——这一项总数为63 000巴黎利弗尔。两年后，英王约翰在英格兰的收入为两万英镑左右，主要来自包税制下各个郡县和自治城市的捐税、封建没收财产（土地）及附属权利的收益、主教空缺时的教会地产的收益及王室法庭的"利润"。不过，在当时的情况下，这一总额中已经包括了部分兵役免除税、部分兵役代偿费以及向领地和犹太人征收的贡税（tallage），这在当年和接下来一年的总数为6 900英镑。英王约翰在1202年成功地实现了对贸易的征税，又于1203

---

① 法国国王的直属领地在一开始时很小，因此直接由国王的侍从官员管理，他们称为"（王室）庄园管家"。在中世纪，法国在很大程度上依靠司法系统行使行政权力，法国人习惯把"司法"当作正常的行政管理方式，将司法人员视作正常的行政管理者。当国王的领地扩大之后，国王建立了名为"prévotés"的行政管理单位，每个"prévotés"负责管理一块国王领地，而在"prévotés"之上的管理单位则为"bailliage"。"prévotés"可译为"司法官辖区"，而"bailliage"可以译为"大法官辖区"，相应地，"prevots"可以译为"司法官"，"baillis"可以译为"大法官"。由于每个"bailliage"都是一片领地，也可称之为庄园，或"邑"，因此将"prevots"和"baillis"分别译为"邑吏"和"邑督"也是不错的选择。译为"（王室）庄园管家"只对较早的历史时期比较合适。——译者注

年和 1207 年征收到了一般动产税，最后的总数竟然达到了惊人的 57 000 英镑。不过，不久之后关税就被放弃征收了，但是它与对动产的征税一样，是未来的财政制度的最早的预兆。[①]

　　在这里，我们可以看到，大宗收入来源仍然是这样一些：王室的传统的附加封建权利、王室地产以及小领主的各种封建义务。但是，正如上文已经指出的，有一些收入来源构成了未来的财政制度的预兆。法国的人头税为一种直接税，它像英国的关税一样，已经成了法国财政收入的主要来源之一。对犹太人和外国商人征收的特别税或按年征收的贡税、通行费和授予垄断特权时收取的特许费，也是这个时期财政收入的一般性来源（虽然只是次要的来源）。我们还要特别提请读者注意一点，在有些时候，由于形势所迫，国王会不得不把有产阶层的代表召集到一起开会，以便让他们同意开征某种特别税。这些会议就是代议机构的开端。这种会议往往能够获得某种特权并得到王室的授权，作为代表们同意纳税的交换。我们可以观察到，以此为开端，在往后的几个世纪里，英国议会逐渐掌握了对财政事务的控制权。

　　因此，在 13 世纪初，国王已经拥有了多种不同的收入来源，但这些收入来源的始点仍然主要是封建性的，而且国王的

----

① *Cambridge Economic History*, vol. 3, pp. 302-303.

收入有很大一部分仍然是实物形式的。例如，佛兰德斯伯爵仍然不得不时常把他的府邸从一个地点迁到另一个地点以便接收以实物形式缴纳的税收。王室的收入总是很紧张。各级政府的财政需求的增加比封建收入的增长更快。一切可能的收入来源都被利用起来了。为了增加收入，勃艮第公爵和法兰西国王在13世纪多次提出了领土要求，他们还对地产实行了更有效的管理甚至直接征用。

尽管财政需求的增长是永无止境的，但是贵族和国王必须小心行事，不能对自己的臣民逼得太紧，因为财富和收入受到了太大损害的人随时可能奋起反抗，乃至发动叛乱。无论是英国的《大宪章》，还是14世纪初法国的各个联盟争取到的各项特许，都是妥协的产物，这种妥协恰恰证明对抗是真实存在的。到了13世纪末，中央政府和地方政府的财政需求有了巨大的增长，但是源于封建附加权利的传统财政收入来源不仅没有扩大，反而实际上出现了萎缩。

土地转让权——这是一项非常重要的权利——就受到了财政危机的影响。例如，为了保证君主的收入，许多国家和地区规定土地转让权必须由君主亲自授予——在法国，由腓力·奥古斯都（Philip Augustus，即腓力二世）在1210年下令，在英国则通过颁布《封地买卖法》（*Quia emptores*）来规定，在香槟地区和许多其他地区，也都是如此。各个地方的问题都是一样的——相对于财政需求，封建收入在减少。对新的收入来源的需要迫在眉睫。我们可以考察一下英格兰和法国在 13 世纪末的财政收入，并与 13 世纪初期的情况对比一下。

　　在爱德华一世和"美男子腓力"（Philip the Fair）统治时期，各种特别税变得越来越频繁、越来越一般化，也越来越必不可少。在爱德华一世统治下的英格兰，教会为满足国王的需要而提供了大约 20 万英镑的税收。议会对动产征税，又带来了 50 万英镑的税收收入，此外还建立起了全国性的关税体系。1275 年，对羊毛、羊皮和皮革开征了出口关税；1294—1297 年，税率在短期内一度出现了上升；到了 1303 年，增加进出口税时要与外国的对英贸易商人进行协商。对于 1275—1294 年和 1299—1304 年间的关税收入，可以将 1275 年的关税收入作为其平均收益，为每年 1 万英镑，而且从贸易中征收的关税收入在 1294—1297 年间必定要比这更高（因为税率上升了）。至于在爱德华一世统治后期，由于对外国商人开征了新税，从贸易中征收的关税还要更高。总之，爱德华一世在其统治期间通过直接和间接方式获得的税收应该达到了 100 万英镑，甚至还要更多。

　　法国国王"美男子腓力"（即腓力四世）对税收的需求也非常大。像爱德华一世一样，"美男子腓力"经常要求教会提供捐赠。他还试图建立全面的直接税体系，由于在这个过程中遇到了许多很难克服的障碍，他凭借经验和"即兴创作"进行了许多试验，从而留下了很多故事。他进行过的尝试包括：对地产或动产的收入征税、开征壁炉税（hearth taxes）、对不同的阶层和村庄征收特别军役代偿费，并将缴纳封建协助金（feudal aids）① 的范围扩大到了下级封臣。在这些税收中有一些带来了可观的收入：在 1295 年，补助金（subsidy）② 就可能达到了 35 万～36 万巴黎利弗尔，到 1304 年更是达到了 70 万巴黎利弗尔以上，尽管这是货币有所贬值后的数字。然而，也就是这一时期，要继续增加收入已经越来越困难了。于是，法国国王被迫妥协，接受了个别城市和团体提出的和解协议。事实上，早在 1295 年，国王就已经不得不通过将贵族领地上征收的一部分税收让与他们，以换取贵族的默许。因此，在直接税之外，还必须辅以其他能够增加收入的手段。1291 年，开征了一种销售税（消费税），但是因此在鲁昂引发了骚乱，各城市和各省借此获得了豁免权，这种税也于 1295 年被正式废止（尽管在查理四世统治时期的 1296 年和 1314 年又征收过类似的税收）。犹太人一次又一次地被征收贡税，仅仅是 1289—1301 年间就被征收了 44 000 图尔利弗尔（li. tur.）。③

---

① 当国王遇到了紧急情况或陷入危机时，封臣有前往勤王救援或提供援助的义务。后来发展为王室凡有婚丧嫁娶及任何特别活动时，国王都会向封臣索取协助金。为此，英国 1215 年《大宪章》将协助金严格限定为三种情形：国王长子封爵、长女结婚和赎救国王，并规定协助金额必须合理。——译者注

② 注意与"协助金"的区别。"盾牌钱"、协助金以及在各种事件发生时有权（incidents）取得的各种收入，都是国王根据封建原则有权征收的，只有动产税等才属于额外征收的税收，是在正规税收收入不足时用来"补助"国王的，因此称为"补助金"。——译者注

③ 利弗尔是中世纪法国的货币，与英镑一样源于法国，加洛林王朝矮子丕平（查理曼之父）将 1 磅重的白银铸成的硬币。1 利弗尔 =1 英镑（即 1 磅白银），1 利弗尔 =20 苏，1 英镑 =20 先令，1 苏 =12 240 德涅尔，1 先令 =12 便士。利弗尔后来被法郎取代。巴黎利弗尔和图尔利弗尔是其中的两种利弗尔。——译者注

后来有一个时期，犹太人甚至遭到了驱逐，并且在 1306 年被没收了财产。意大利的商人银行家则被迫向国王购买豁免权，以避免自己被掠夺，从 1291—1292 年，仅仅是这项收入就达到了 221 000 图尔利弗尔，在 1295 年更是高达 65 000 图尔利弗尔。国王的强制性借款也大幅增加，而且不一定会偿还。大规模地操纵货币也许是获取财政收入的最重要的"便捷"手段：1289—1299 年这十年间，通过这种手段获得了 1 200 000 图尔利弗尔，相当于国库总收入的 2/3 左右。①

这段冗长的引文阐明了王室的财政收入来源是如何改变的。教士，作为中世纪社会财富的主要持有者之一，是国王收入的其中一个基本来源。我们看到，英国征收关税不同于法国对封建领地征收的地方性税收（不过仍然具有付给地方领主"回扣"的明显特点）。此外，对外国商人和犹太人征税、让货币贬值也构成了收入的重要来源。

到 13 世纪中期，欧洲统治者在战时的财政需求已经超过了他们的正常收入，以至于他们唯一的出路只剩下不断地大额借债。在 13 世纪初，这种借贷还是不常见的。偶尔发生借贷的时候，贷款通常以土地抵押担保，贷方则往往是教会。但是后来对政府贷款的频率和性质都发生了变化。君主开始以税收收入或关税收入作为抵押，放贷方（par excellence）则通常为意大利人（虽然在早期，佛兰德斯人也曾经起到过意

---

① *Cambridge Economic History*, vol. 3, pp. 302-303.

大利人的这种作用，还有当地的债权人也一样）。1272—1294
年，卢卡（Luca）的里卡尔迪（Riccardi）以这种方式借给爱
德华一世高达392 000英镑（用作征服威尔士的军费和其他
军事支出）。按惯例，国王们会把他们的税收收入包出去。在
还贷期间，关税交由贷款人控制，作为偿还的一个来源。继
里卡尔迪之后，佛罗伦萨的弗雷斯科巴尔迪（Frescobaldi）
也提供了很多贷款。另一个例子是法国，它在13世纪时曾
经向巴黎的圣殿骑士团（Order of the Templars）借过钱。
1287年，"美男子腓力"向圣殿骑士团借了101 000巴黎利
弗尔（大约相当于当时王室年收入的1/6）。还有一个例子，
佛兰德斯伯爵特别开心自己的领地上有许多拥有充足资金来
源的富裕城市，比如说根特，因为可以随时向这些城市借钱
或征税。

不过，从历史上看，向王室贷款对于出借人来说是一件相
当危险的事情，许多金融家和银行在借款当时就陷入了困境，
后来更因王室违约而破产。由于利息率必须反映这种高风险，
因而也相应地定得很高。在后面几章中，可以看到为君主融资
是怎样影响公共和私人资本市场的。

第五节

上面几节对我们在本章开头提出的问题做出了回答，现
在来总结一下。为什么13世纪欧洲未能摆脱"马尔萨斯陷

阱"？答案要从这个世纪已经发展出来的财产权（以及未能发展出来的财产权）的性质中去找。

创立和实施财产权是政府的一项特权，是它的强制力量的一个来源。在 13 世纪，政府强制统治和决策的中心已经从地方转移到了规模更大的政治单位。这种转移是一个缓慢的、曲折的过程，因为在各处都受到了彼此冲突的权力的制约，即便是在政府的短期财政利益与发展更有效的财产权的要求相一致的时候（例如，对远程贸易的保护就是如此，因为远程贸易为君主收入提供了一个新的来源），这是因为竞争者之间的冲突往往会导致只能提出一些不完善的实施办法。发展新财产权的最重要的一个因素就在于，政府只有在符合自己的财政利益时才会创设这种新产权。正如我们在上面已经看到的，英格兰、安茹（Anjou）、普瓦蒂埃（Poiters）以及其他一些地区都已经允许土地转让（这是发展无条件继承土地的独立财产权的关键一步），其目的就在于确保君主不致丧失现有的封建收入。对外国商人财产权的保护也出于同一个目的，正如勃艮第的统治者在欧坦（Autun）和查伦（Chalon）设立集市一样。然而，也正是出于同样一些原因，政府还采取了诸如增加通行费、任意没收、强制贷款以及其他类似的反生产性的措施，从而给财产权带来了更大的不确定性。政府行动的方向完全取决于它的财政利益。

尽管随着商业和贸易的扩张出现了一系列辅助制度安排，同时对于农业土地的更大的排他性权利逐渐确立，也有利于生产率的提高，但是所有这些还不足以使产出超过人口的增长。从上面各节的描述不难看出，这些制度安排都是零星的、不成系统的，而且往往是任意授予的，当然也随时可能被任意地取消。商业贸易只有在其增长符合领主和君主的利益时才会受到保护，而且领主和君主经常为了自己的利益而阻碍商业贸易的发展。

我们已经在上面讨论了，农业部门的生产率的提高，为什么不足以克服收益递减和人口增长导致的问题，但是我们还没有讨论过，为什么人口在收入不断下降时仍然一直保持增长。

随着人口的不断增长，普遍的收益递减会在某个时点之后开始起作用，从而使得养育多个子女的家庭的社会成本上升。但是，这些社会成本与单个家庭实际承担的私人成本并不一致，单个家庭仍然可能会认为孩子更多对自己有利。事实上，在13世纪，家庭要不让更多孩子出生也没有什么很完善的方法。诚然，在实际收入下降时总能找到一些方法来阻止家庭规模不断扩大。我们知道的常用办法有推迟结婚、采用某些原始的方法来避孕，等等。但这些办法显然是不完善的，因此在不能有效避孕或提出有效的社会生育控制措施的情况下，人口不断增长的趋势是无可避免的。

要想让生产率持久地超过人口增长率，必须使所有活动的社会收益率都与私人收益率趋于一致。在13世纪，这种情况发生在工业和贸易部门，但是没有发生在当时占主导地位的农业部门，尤其是在特别重要的发明和创新领域，没有出现能够使社会收益率与私人收益率趋于一致的制度安排。结果是，人口增长率大于经济增长率。

不过，以这样一个凄凉的音符来结束本章，可能会给读者留下一个错误的印象。我们已经指出过，重大的制度安排的变革是非常缓慢的，而且有许多制度变革都延续下来了，直到严酷的14世纪依然存在。当人口又再度开始增长时，它们就为进一步的制度创新提供了一个重要的基础。

第七章

14 世纪和 15 世纪

14 世纪和 15 世纪的欧洲，饱受经济收缩、危机乃至萧条之苦。饥荒、瘟疫、战争和革命在欧洲此起彼伏。这些灾难导致人口下降，令经济和社会秩序分崩离析。对于欧洲的大部分居民来说，这是一个"可恨的时期"，但是这种说法也不能概括一切，它也是文艺复兴的时期——这两个世纪文学艺术方面成就非凡。总之，要对这两个世纪做出一个简单的评价是一件非常困难的事情。

第一节

不过，这个时代的总体轮廓仍然是非常清晰的。对这个时代最有影响的现象无疑是人口的绝对下降。所有的历史学家都同意这一点，但他们所能同意的也就是这一点。西欧的人口什么时候开始下降、下降到了何等严重的程度以及人口从什么时候开始恢复，对于这些问题，都没有确切的答案。

这种不确定的主要原因在于统计资料严重不足。在那些从未进行过人口普查的年代里，对于总人口的任何估计其实都只是一种猜测。确实存在着好几种估计，值得在这里讨论一下的主要有两种。一是 M.K. 贝内特（M. K. Bennett）对欧洲人口的估计，见表 7-1。二是关于英国的更详细一些的人口估计，出自中世纪人口统计领域的权威 J.C. 拉塞尔（J. C. Russell）之手，见表 7-2。

表 7-1　西欧的人口：1200—1550 年

年份	人口（百万）	年份	人口（百万）
1200	61	1400	45
1250	69	1450	60
1300	73	1500	69
1350	51	1550	78

资料来源：M. K. Bennett, *The World's Food*（1954），p. 5.

表 7-2　英国的人口：1086—1603 年

年份	人口	年份	人口
1086	1 100 000	1374	2 250 000
1348	3 757 500	1377	2 223 373
1350	3 127 500	1400	2 100 000
1360—1361	2 745 000	1430	2 100 000
1369	2 452 500	1603	3 780 000

资料来源：J. C. Russell, *British Medieval Population*（1948），pp. 248, 263, and 269-270.

拉塞尔的估计结果表明，英国人口在 14 世纪下半叶大幅度下降，而且到 1430 年仍然没有开始恢复。事实上，直到

17 世纪初，英国人口才重新超过了 1348 年的水平。

显然，即便以上估计是准确的，它们也只是对人口总数的估计，无法回答前面列出的那几个重要问题。不过，在此基础上提出一种解释还是有可能的。传统上一直认为，人口下降的原因是饥荒、瘟疫和战争（fama，pestus et bellum）。在 14 世纪和 15 世纪，这些灾难多次袭击西欧，有时是一种，有时是几种灾难一起降临。那么这些无情的灾难是什么时候降临的？它们的降临到底有多频繁呢？

当第一个"马尔萨斯紧箍咒"（Malthusian checks，或者也可以译为"马尔萨斯抑制器"）降临西欧的时候，14 世纪的第一个十年才刚刚结束。在 1315—1317 年间，整个欧洲经历了一场大饥荒，像许多饥荒一样，它还带来了瘟疫。当然，这既不是 14 世纪遭遇的第一场饥荒，也不是最后一场。在法国，有历史记载的饥荒之年包括：1304 年、1305 年、1310 年、1315 年、1322 年、1325 年、1330—1334 年、1344 年、1349—1351 年、1358—1361 年、1371 年、1374—1375 年和 1390 年。此外，在法国南部地区，以下年份也是饥荒之年：1312 年、1313 年、1323 年、1329 年、1335—1336 年、1337 年、1343 年和 1361 年。英国的命运似乎要比法国稍好一些，有记载的饥荒年份包括 1315—1316 年、1321 年、1351 年和 1369 年。食物短缺是 14 世纪欧洲人要面对的一个始终存在的威胁，而且没有一个地区能够幸免。一旦发生了饥荒，结果是很可怕的。例如，在一次饥荒中，以织物制造业为主的城市伊普尔（Ypres）10% 的人口、布鲁日 5.5% 的人口死于饥饿。

即便饥饿事实上不是与瘟疫一起降临的，通常也会为瘟疫的流行创造条件。在 14 世纪和 15 世纪，最令人震惊的一次灾难是 1348—1351 年间的"黑死病"（Black Death）——淋巴腺鼠疫和肺鼠疫。黑死病最早在克里米亚爆发，然后很快开始在整个欧洲蔓延，到 1350 年时就已经沿着商人和牧羊人的路线席卷了北欧，而且黑死病的打击并不是一次性的，而是一而再、再而三地频繁降临。在西班牙，1362—1363 年、1371 年、1375 年、1381 年、1396 年、1397 年，都爆发了黑死病，然后到了 15 世纪仍然在不断爆发——1410 年、1429 年、1439 年、1448 年、1465—1466 年、1476 年、1483 年、1486 年、1493—1494 年，还有 1497 年。不幸中的万幸，并不是所有的国家都像西班牙那样长时间地屡受黑死病之灾。但是，黑死病的危险始终存在。在英格兰，1368—1369 年以及 1374 年，黑死病都再度爆发了。到了 15 世纪，仅仅是在伦敦一个城市，黑死病在一个世纪里就发生了 20 次之多。

与黑死病有关的人口下降幅度到底有多大？最好不仅说明与 1347—1351 年那场大瘟疫相关的人口下降情况，而且说明与后来历次黑死病疫情相关的人口下降情况。但是我们可能永远都无法得出确切的答案了。首先，黑死病疫情的严重程度在不同地区有很大的不同，有的地区死亡人数超过了人口的 50%，而有些地区则几乎没有受到太大影响，甚至还有一些地区彻底避开了这个瘟疫。传统上的看法认为，黑死病差不多吞噬了欧洲 1/3 的人口，但是后来的研究者对此表示怀疑，他们认为这个数字估计过高了。J.C. 拉塞尔认为，英国在 1349—1351 年这两年半的时间里的死亡率为总人口的 23.6%。[①] 由于正常的死亡率为每年 3%，因此黑死病可以解释 16.6% 的超额死亡率。他还估计，在 1369 年那场为期一年的瘟疫中，超额死亡率达到了 10%，因此那一年的死亡率高于以前爆发黑死病的那些年。但是，M.M. 波斯坦（M.M.Postan）却认为，30% 的死亡率是最低限度，40% 甚至50% 的死亡率也是有可能的。[②] 无论如何，可以肯定的是，这两个世纪一再发生的鼠疫和饥荒，确实如马尔萨斯所说的那样有效地抑制了人口。

北欧的人口也没能逃脱死神的第三个使者的蹂躏，那就是战争。这个时期战争频发，不过直接参战的人并不是太多，因战争而死去的人，大部分都不是直接死于战火的。关键是，战争摧毁了战场周围的乡村，战争过程中掠夺和抢劫迫使当地居民背井离乡。在发生了战争的地区，人口以这种方式一轮一轮地减少。有组织的暴动和叛乱似乎也是这个时期所特有的：英格兰发生了旷日持久的玫瑰战争（War of the Roses）和大规模的农民起义，德意志各邦国也出现了类似于英格兰的情况，法国更是饱受百年战争之苦，1358 年法国爆发了扎克雷起义。特别是在法国，战争、革命、掠夺和抢劫接踵而至，民众倍受

---

① 参见表 7 - 2。
② 这个数字是一次在得克萨斯大学与波斯坦教授交谈时他亲口告知的。

摧残。饥荒和瘟疫是前一个世纪人口增长留下来的"遗产"：
人口的增长导致不适合粮食作物生产的边缘土地的开垦和耕
种，这些土地的肥力是无法养活占用它们的人的一辈子的。

这就引导我们提出了另一个问题：欧洲的这一次人口下降
究竟持续了多长时间？正如我们已经看到的，人口下降很可能
从 14 世纪初就开始了，到 1350 年的时候肯定已经出现了急
剧下降。那么，下降持续了多长时间呢？很可能，只要有饥荒
和瘟疫发生，人口下降就一直在持续。只有少数历史学家认
为，到 15 世纪下半叶人口已经开始恢复增长。最近的研究以
相对价格数据为证据表明，在英国直到 1470 年人口才停止下
降，进入 16 世纪之后人口才再度迅速增长。①

尽管我们不可能直接观察这几个世纪的人口，但我们还是
可以从现存的资料中观察到价格的变化——既包括绝对价格变
化，也包括相对价格变化。在西欧各地，无论是产品还是生产
要素的价格变动看来都是相似的。一般价格水平在 13 世纪的
前三个 25 年间出现了剧烈波动，其顶点似乎与饥荒或鼠疫的
发生相吻合。② 在 1375 年之后，价格水平的波动就不怎么剧烈
了，相反，呈现出了轻微但明显的下降趋势。然后，在 1375
年之后，价格变化的特点是通货紧缩，而且似乎一直持续到了
16 世纪。相对来说，英国在这方面的定量数据算是最完整的

① Clyde G. Reed, "Price Data and European Economic History"（unpublished PhD dissertation, University of Washington, 1972）.

② 这里，"13 世纪的前三个 25 年"，原文如此，可能是错的，从文意和下面的图 7 - 1 来看，应该是"14 世纪的前三个 25 年"。——译者注

了（参见图 7 - 1），不过，历史学家们指出其他地区也存在着同样的趋势。

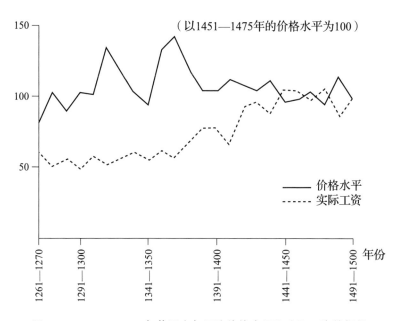

图 7 - 1　1261—1500 年英国十年平均价格水平和实际工资的指数

资料来源：Phelps-Brown and Hopkins, " Seven Centuries of the Prices of Consumables, Compared with Builders' Wage-Rates".

　　对于我们的研究目的来说，最重要的价格变化不是一般价格水平的变化，而是价格的相对变化。接下来，我们考察一下 13 世纪发生的价格的相对变化。[①]特别重要的一点是，农业产品价格相对于制造业产品的价格出现了下降。总体上看，

---

　　①　这里，"13 世纪发生的价格的相对变化"，原文如此，可能是错的，从上下文来看，应该是 "14 世纪发生的价格的相对变化"。——译者注

在这整个时期，一蒲式耳的小麦能够换到的织物越来越少了。小麦的价格相对于牲畜的价格也出现了下跌。在这方面现有的资料也数英国最完整，这个趋势在整个欧洲似乎是普遍存在的。

更加重要的也许是生产要素相对价格的变动。劳动力价格相对于土地价格上升了。虽然有充分的证据可以证明劳动力价格相对于土地价格上升了（即实际工资上升了），但是要定量地确定劳动力价格相对于地租上升的具体幅度仍然很困难。无论如何，丰富的定性证据足以表明，在整个北欧，劳动力价格相对于地租上升是一个十分普遍的现象。

总之，在14世纪和15世纪，单位制造业产品可以换得的农业产品的数量多于13世纪，这一点是毋庸置疑的。同样无可置疑的是，劳动力无论按农业产品还是按制造业产品衡量，都变得相对更贵了（即一天的劳动可以产出更多的这两种产品了），劳动力的价值相对于土地的价值也上升了。这两个世纪的相对价格的变化，似乎与13世纪发生的情况恰好相反。

尽管人口出现了大幅度下降，市场仍然是中世纪后期组织经济活动的一个重要手段。相对丰富的价格统计数据也证实了这一点（尽管仍然不够完整）。市场交易量，相对于由政府配置的资源和由民间自发团体配置的资源的数量，到底发生了什么变化，还有待于研究。13世纪时已经扩展到了各个地区的国际贸易依然存在，但是从贸易量上看可能下降了，在下降过程中国际贸易的特点也发生了变化。

工业区仍然在出口制造业产品。如佛兰德斯和低地国家一直在出口高质量的织物，并进口粮食等产品。谷物是从德国和法国进口的，羊毛从英国和西班牙进口，鱼则从北方地区进口。在整个北欧，织物、羊毛、酒、粮食、木材、铁和铜的贸易一直在不同地区间进行。

同样，北欧和南欧之间的贸易也几乎跟 13 世纪一样频繁。贸易的性质基本上没有改变，北欧用大宗产品交换南欧的奢侈品和制造业产品。

虽然国际贸易的基本性质与前一个世纪相比没有什么变化，但是贸易量可能减少了。当然，由于缺乏全面的贸易统计资料，这个结论是有条件的，而且我们不清楚，某个城市或某个地区的贸易量下降是不是能够由另一个城市或另一个地区的贸易量的上升弥补。但是，现在保存下来的资料总体上足以表明，贸易量确实出现了大幅度的下降。例如，波尔多出口的酒在 14 世纪的前十年，每年大约为 10 万吨，而到了 14 世纪 70 年代，却下降到了 13 000 ～ 14 000 吨。在 1399—1479 年间，英国的羊毛出口量下降到了先前水平的 2/3。不过，这个时期英国已经从原羊毛出口者转变成了织物出口者，我们不清楚这种贸易结构上的变化是否已经反映在了统计数据中。英国绒面呢的出口，在 15 世纪中叶确实一度稍有回升，但是马上又下降了，然后一直到 15 世纪的最后 25 年里才再度回升。英国进口酒的数量也减少了。马赛、热那亚和迪耶普等各个城市自身的统计数字也都显示出了同样的模式——它们表明，贸易量在

14 世纪和 15 世纪的上半叶是下降的，直到 15 世纪下半叶贸易才开始复苏。

意大利的各大城市似乎也没有免除这一下降趋势。威尼斯的权势和繁华似乎在一个很长的时期里一直很好地维持了下来。但是相关记录表明，威尼斯的贸易量在 14 世纪确实出现了下降，尽管进入 15 世纪后有所恢复，但是在 15 世纪中叶之后又再度下降。佛罗伦萨规模庞大的粗纺毛织业在 14 世纪也同样衰落。至于银行业，此前中心就已经从伦巴第转移到了托斯卡纳，而且在 14 世纪时银行大面积破产。银行业的复兴导致美第奇家族在 15 世纪崛起，并使得佛罗伦萨成了分行遍布欧洲各地的银行业之都。15 世纪下半叶，南欧显然处于衰退之中。根据维拉（Vilar）的记录，加泰罗尼亚的贸易量下降到了以往的 1/5。

在这两个动荡的世纪里，低地国家的城市却发展起来了。布鲁日和安特卫普已经成了北欧主要的商业和金融业中心。当地土生土长的商人已经成长起来，使得来自意大利的行商相形见绌。

第二节

导致 13 世纪的增长终止（增长可谓 13 世纪的主要特征）并导致中世纪后期贸易萧条的主要因素是人口的大幅度、长时间下降。人口减少的直接效应乃是一般价格水平上升。这种上升是实际上的还是表面上的，目前仍不清楚，因为在同一时期，瘟疫和饥荒很可能已经出现——即便不是在同一时刻出现的，至少也是在同一个十年里出现的。瘟疫的一个后果是人均货币存量增加，因为幸存者可以继承不幸去世的人的财富，因此总体效应是使所有商品的价格都上升。饥荒起的作用往往也是如此，并且特别反映在粮食相对价格的大幅度上升上。粮食的需求是无弹性的，会将在正常年份本来可以用于其他商品的储蓄和收入全都吞噬掉。总之，在饥荒岁月里，收入中用于粮食的比例上升了。粮食价格是最早留下历史记录的价格之一。我们在拥有关于其他商品的价格的统计数字之前，就已经掌握了关于小麦价格的一些情况。但是，仍然不清楚的是，粮食价格的急剧上升，反映的到底是人均货币存量的增加还是食物的短缺。总之，我们拥有的那个时期的价格指数仍然过于粗略，以至于我们无法对 14 世纪价格水平的变动得出确定的结论。

现在，我们不妨暂且假定，到 1375 年为止的价格指数的剧烈波动反映的是真实的通货膨胀，此后出现的是一个真实的较平缓的通货紧缩，并一直持续到了这个时期结束。对于这种价格的持续下行，有人认为一种可能的解释是，它与硬币（specie）从北欧外流到南欧、再流转到东欧有关。如果确实如此，那么货币供给的持续下降就可以解释价格下行的原因。无论如何，现有的资料还不足以推翻这个解释。

不过，人口的下降足以解释贸易条件和相对要素价格所发生的重要变化。工资相对于地租的上升是由于位置偏远的劣等土地被弃耕所带来的农业劳动生产率提高所致。由于人口下降，劳动力变得更稀缺了，从而在与地主、商人和制造商讨价还价时可以要求一个更高的价格。

尽管农业劳动生产率提高了（因为重新变得充裕起来的大量土地只有最优良的那部分才有人去耕作），但是制造业的劳动生产率仍然基本上没有改变，这是由于制造业只需耗费极少量土地所致。由于农业劳动生产率现在变得比以往相对更高了，再加上制造业的劳动生产率没有改变，因而制造业产品的价格相对于粮食价格上升了。

实际工资也上升了，因为劳动生产率总的来说已经提高了，而且只要人口继续下降就会一直提高。这样一来，那些严重依赖自己的劳动维持生计的人的境况就得到了改善。一般而言，那些严重依赖地租为生的人的境况则明显恶化了。如果只从人口下降的影响这个角度来看的话，农民的命运可能有所改善，同时领主的命运则可能有所恶化。

上面的分析是隐含地从一般均衡的角度来进行的。从一般均衡的角度来看，中世纪后期人均收入显然增长了，这种增长伴随着收入在封建社会各阶级之间重大的再分配。有人或许会认为，这种解释过于简单、过于明了，但恰恰是这种简洁性本身才最有吸引力。为了对这个显得过于"乐观"的解释加以适当的限定，并使之与这个时期出现了全面衰退的观点相一致，有必要考虑前面的阐述中忽略掉的某些因素。

首先必须解释为什么人口下降的时间会延续得如此之久。对于这种持续了一个多世纪的人口下降，需要给出一个比简单的"马尔萨斯再调整"更为复杂的解释。如果真的只有"马尔萨斯再调整"在起作用,那么应该可以推论:一旦人口减少到足以导致人均产出上升的程度,人口就会停止下降,或者开始再次上升。

事实上,我们的解释要稍微复杂一些。从10世纪开始,一直到13世纪,人口持续增长,到那个时期结束时,西欧社会的人口已经多到了极容易受饥荒和瘟疫影响的程度。这样到了后来,待鼠疫在西欧社会的人群内部深深地扎下了根之后,就长期持续流行,从而导致瘟疫接连不断地爆发和蔓延。这些瘟疫的重复发生,在相对人口过多的后果消失后的很长一段时间,仍然阻止了人口的恢复。从历史上看,似乎是一直等到中世纪的普通民众获得了一定程度的免疫力并基本上摆脱了鼠疫之后,人口才重新开始增长。

这个时期,军事政治斗争永无休止之日,这无疑助长了饥荒和瘟疫的凶势。在欧洲几乎所有国家都发生过农民起义,同一时期各低地国家的城市地区的工人也时常暴动。当然,在革命之后,镇压通常随之而来,它们除了会夺走生命、致人伤残之外,也增加了饥荒和瘟疫卷土重来的可能性。

因此,生活在那个时代的人,表面上看来可以因实际工资上升和生活水平提高受益,但是也无时无刻不为高度不确定的未来而忧虑。总是有层出不穷的新税要缴纳,随时可能因被盗窃、破坏或没收而损失财产,甚至连自己的生命也朝不保夕。未来的不确定性肯定降低了提高生活标准的可能性。因此我们不能肯定，在中世纪后期，普通民众是不是真的能将更高的农业生产率本身固有的潜在收益拿到手中。

人口下降，再加上战争、无偿征用、没收、抢劫，还有革命，这一切会导致贸易量减少，从而刺激了一种在本地范围内实现自给自足的趋势。专业化程度下降了、劳动分工范围缩小了，所有这些在给社会造成损失的同时，肯定也会阻碍生活水平的提高。这种变化实际上等同于提高利用市场的交易成本，而利用市场的交易成本的提高，又增强了独立团体依靠政府强权来组织经济活动的激励。争取政府帮助以便垄断贸易和制造业，与努力提高生产率相比，变得更加有利可图。就这样，在这个时期，自愿团体越来越紧密地与政府联合起来，创设了各种各样有利于他们自己的收入再分配制度。这些制度无一例外地降低了中世纪经济的效率。这一点与前一个世纪的发展形成了鲜明的对比——前一个世纪的制度创新，主要是为了获得源于生产率提高的收益。

第三节

人口大幅度、长时间地下降引起了三个参数的变化，我们可以用它们来解释这个时期在制度安排和财产权上观察到的各种变化。这三个参数的变化为：（1）由于地租相对于劳动价值出现了下降，要素的相对价格发生了变化，严重依赖于地租的封建收入也相应地下降了；（2）政府支出的最低必需水平相对提高了；（3）利用市场组织经济活动的费用（交易成本）上升了。这些变化直接影响了中世纪后期制度和财产权的性质。

经济条件发生这些变化后，要求庄园契约安排也相应地做出调整。人口下降使得许多农民和地主的土地出现了闲置（至少有一部分）。领主们在一开始时仍然试图强迫现有的佃户按原来的习惯法上的条款去耕种闲置土地，他们还试图抗拒像《劳工法令》（*Statute of Labourers*）这样的要求增加实际工资（从而与新的经济条件保持一致）的法律。当然毫不意外，这些企图很快都落空了。农民的逃亡、争取佃户的领主之间的竞争，以及农奴拒不服从命令的态度，挫败了这些企图。

在西欧，领主要想留住佃户，最有效的办法是降低地租和放宽各种依附性义务。后一个目标导致了一系列延长租佃期限的创新，而且很快就演变成了终身租约。根据这种终身租约，佃户的劳动义务（劳役）与习惯法上的租金在一个固定地租中合二为一。前几个世纪的物价上涨，早就使得习惯法上的名义固定地租的实际价值大幅下降了，结果终身租约提供了对地租的当前实际价值非常好的近似，从而使得领主和佃户更容易达成一致。终身租约只有在佃户亡故时才可以重新谈判——这是领主现在为了留住佃户而甘愿付出的代价。因此，佃户实际上获得了土地的终身使用权，以同意向领主提供固定的租金为回报，领主则仍然需要提供庄园所需要的公共物品。

在签订终身租约时，领主只同意将土地出让给与之签约的那一代佃户，这可以说是他们为了保留习惯权利而做出的最后努力了。但是，由于天灾人祸不断发生，人口在好几代人的时间内都无法回到增长的轨道上来，所以这样的协议本身也慢慢地拥有了习惯法上的约束力，到最后，佃户就依据惯例获得了对土地的继承权。在 15 世纪下半叶和 16 世纪，这种租佃土地保有权逐渐被认为具有与公簿持有土地保有权（copyholds）相同的法律效力，而且同样只需要承担习惯法上的负担，即支付固定的货币租金或免役租即可享有。由于 16 世纪价格水平一直在持续上升，因此到 1600 年的时候，这种负担就变成了一种完全的货币支付。这样一来，庄园经济也就走到了尽头：劳役现在已经不可逆转地被货币地租取代了；土地现在已经由自由承租人和（或）由领取货币工资的工人来耕种，这些人拥有去寻找更好的职业的自由。

14 世纪和 15 世纪第二项重大的制度变革是，民族国家（nation-states）崛起了，它们与城市国家（city states）竞争并最终导致后者黯然退出历史舞台。在这个过程中，众多的封建贵族领地、地方公国和小王国——这些都是中世纪盛期的标志——合并成了英国、法国、西班牙和荷兰等国家。正如我们在前几章中已经看到的，这个过程可能是货币经济发展和贸易扩张的一个不可避免的结果。

对民族国家的发展影响最大的一个参数变化是因地租下降而引发的封建赋税的减少和政府存在所必需的支出水平的相对上升。前者直接可以归因于人口的下降以及随之而来的对边缘土地的弃耕。后者则部分是因为劳动工资的上升（这意味着维持军队的成本大幅度上升），部分是因为军事技术的变化——
要有效地利用新出现的军事技术，需要的是一系列训练有
素、协调一致的"军事单位"，而不是一群临时召集起来的
武装骑士。

这就是说，正当国王和男爵们发现必须提高军事支出的时
候，却发现传统来源为他们带来的收入在持续地大幅下降。这
种变化提出的要求是：一方面，军事单位的总数要比以往减
少，同时每个军事单位的规模则要扩大；另一方面，政府单
位的数量也要减少。这个过程是通过联合、吞并和征服来完
成的。无论具体采取的是什么形式，这个过程对于社会来说
都很容易证明是一种破坏。尽管这种通过合并实现的民族国
家的兴起也许是不可避免的，但是每个地区政府联合的具体
过程则要受当地条件的制约，因而在不同地区之间存在着相
当大的差异。

增加政府收入的第一个潜在途径是扩大国家能够影响和控
制的地理区域。显而易见，征服是达成这个目标的一个有效手
段。这种征服导致了绵延两个世纪之久的战争。这个途径当然
是一个零和博弈，这个国家有所得，意味着另一个国家必有所
失。因此，在这些正在崛起的国家之间，和平永远是脆弱的，
最好的情况也不过是不确定的和不稳固的和平。扩大政府控制
力的第二个手段是在现有的名义上的统治范围内巩固和强化政
府权力。这个历史时期发生的多次阶级战争——例如，英国、
德国和西班牙的农民起义和法国的扎克雷起义——提供了令人

信服的证明，证明要维持国内的和平，需要的是军队而非骑士。常备军的出现，削弱了男爵们（封建贵族）相对于国王的地位。最后，一个国家扩大自己的控制范围还有一个可能的手段，那就是通过联姻来吞并他国。当然，这种政治联姻总是伴随着阴谋诡计，有时甚至是暗藏杀机。

这些新兴的民族国家要增加自己急需的收入，另一个途径是寻找新的收入来源。开征新的税收、举债和出售特许权，都是当时各国可以采用的获得所需收入的办法。它们探索这些新办法的过程，对这个时期制度和财产权的发展产生了重要影响。我们在前面已经提到过，独立军事单位的数量的减少是不可避免的，要完成这种缩减的办法则有很多种。下面，我们将简要地考察其中一些历史变化，不过首先还是要概述一下战争技术的发展过程。

1302 年爆发的库尔特莱战役（battle of Courtrai）揭开了这个军事技术变革时代的序幕。在这场战役中，法国的"骑士之花"——最精锐的重骑兵——遭到了佛兰德斯的长矛方阵的屠杀，它预示了重骑兵称雄时代的结束。在百年战争期间的多次战役中，特别是在克雷西之战（1346 年）、普瓦提埃（Poitiers）之战（1356 年）和阿金库尔之战（1415 年）中，英国长弓兵的优势将法国人逼入了绝境。法国人发现，在野战中没有任何可以有效对付长弓兵的办法。最后，法国人不得不求助于贝特朗·杜·盖克兰（Bertrand de Gueselin）制定的骚扰战术，并依赖圣女贞德（Joan of Arc）来鼓舞士气。1453 年，在这场延续了百年之久的战争的最后一次战役中，法国人用大炮加壕沟的炮兵阵地抵御住了英国的长弓手和长矛手，法国最终赢得了胜利。这场胜利也标志着长弓兵的优势已经终结。像长弓一样，长矛也同样改变过这两个世纪间的作战技术。如果说英国的长弓兵曾一度令法国陷入绝境，那么瑞士受过严格训练的长矛兵组成的严密方阵则曾经在整个西欧的近战中占据优势，压倒了以往最有威力的中世纪装甲骑兵。

基于火药的武器的改进相当缓慢，但是土耳其人依靠火器成功攻入城高墙厚的君士坦丁堡（1453 年）的事实表明，老式的依靠城墙来防御城市的军事技术已经显得过时了。到了 15 世纪末期，火炮和（当时还不那么成功的）手枪已经使军事技术发生了改变。

货币经济的兴起，不仅鼓励了专业兵种的出现——例如，热那亚的（十字）弩兵、英国的长弓手、瑞士和德国的长矛手，而且使得组建专业化的雇佣武装力量变成了一门有利可图的"生意"。在中世纪后期，虽然这种专业化的雇佣兵在战斗中威力强大，但是不仅成本高昂，而且非常危险。这种危险性对敌人存在，对雇主也同样存在。当没有人来雇用他们或者他们领不到兵饷时（这种情况时常发生），雇佣兵就会到处劫掠。马基雅维利（Machiavelli）曾对雇佣兵的行为表示愤慨，但是仍然坚持认为没有了雇佣兵，再成功的君主也将一事无成。另一种选择是创建一支常备军。常备军有一些优点，但是成本比雇佣兵还要高，因为无论战时还是平时，都要向军人支付薪金。不过无论如何，在这几个世纪里，常备军逐渐取代了雇佣兵。法国的查理七世于 1445 年发明了名为"敕令骑士连"（Compagnies d'Ordonnance）的军队编制方法，最后终于建立了一支 12 000 人的常备军，每名武装军人的月薪为 10 图尔利弗尔，他的"扈从"的月薪则为每人 4 ～ 5 图尔利弗尔。

总而言之，在这两个世纪里，战争技术发生了深刻的转变，并导致愈演愈烈的财政危机。一个国家要生存下去——迅速组建一支现代化的军队——所需的财政资源远远超过了传统的封建男爵领地所能提供的收入。其结果是，在这整个时代，到处充斥着令人难以置信的骚乱、吞并、恐怖、谋杀、内外斗争和阴谋诡计。篇幅所限，我们无法在这里回顾更不用说详细描述百年战争、玫瑰战争、法国内部的王位争夺战（查理七世以及他的儿子路易十一都是其中的主要人物）中有关各方的纵横捭阖、钩心斗角，尤其是路易十一，他在所辖的封建男爵、权势熏天的勃艮第公爵之间施展了各种各样的恩威并施、翻云覆雨的手段，终于笑到了最后。所有这些，都不是短短几句话所能尽述的。类似的剧目在德意志各邦国、西班牙、葡萄牙以及意大利各城邦中也都上演过，尽管我们无法在此描述具体的过程，但结局是非常清晰的：无论是通过联姻、收买、背叛、阴谋也好，还是通过军事征服也好，到这个时期结束时，民族国家已经代替了各封建男爵的领地，成了专制权力的中心。当然，君主对自己的臣民的控制程度，在不同国家之间有很大的差异。

在 14 世纪，当百年战争爆发之后，法国急需解决财政问题，为此尝试了多种即兴之作式的应急措施。由于当时英国已经侵入了法国，再加上没有什么出口税可征，法国国王查理五世于 1370 年成功地开征了一种直接税，即人头税（Taille），由没有贵族身份的那些人缴纳（神职人员也可免缴这种人头税）。然后，他又开征了一种销售税（名为"Aides"），再加上盐税（Gabelle），这些税收共同构成了法国政府的主要的新收入来源。一开始时，这些新开征的税收都被认为是"附加税"，然而，到了查理七世统治中期，它们就全都变成了"经常税"，而且这些收入是传统的封建收入的 33 倍以上。事实上，仅仅是人头税带来的收入就已经从在 15 世纪中期查理七世统治时期的 120 万图尔利弗尔，增加到了 1481 年的 460 万图尔利弗尔。与英国不同，在法国，全国性的和地区性的代议机构都放弃了对人头税的控制。① 这是因为，这些代议机构的组成人员全为贵族和神职人员，他们就个人而言都得到了免税待遇，而且他们中有一些人已经在税收中获得了既得利益。他们掌管着所在地方的征税事务，因此经常被允许给自己留下一部分税款，或者，他们从国王那里获得的津贴也是用税款支付的。法国三级会议丧失了征税权，导致的后果是非常严重的。法国代议机构实际上已经变得非常软弱了，到路易十一的统治结束时，代议机构对国王的活动已经不能从政治上施加任何约束

---

① 我们将在第十章再回过来头更加细致地讨论法国财政政策的历史。

力。不过，经常用来描述法国国王的"绝对（专制）统治者"（absolute ruler）这个术语，却是误导性的。因为任何一个统治者，都必须考虑到遭到外来侵略或自己的臣民反抗的可能性。但是很明显，法国君主所拥有的"自由"的程度，与英国君主形成了鲜明的对照。这种差异对这两个国家以后的经济发展具有重大的影响。

在英国，也像在法国一样，传统的封建收入在国家财政总收入中所占的比例不断下降。平民信徒补助金（lay subsidy）和教士补助金（clerical subsidy）——所谓的"补助金"，实际上是一种财产税——分别经议会和教会会议同意征收。不过，英国的对外贸易非常发达，王室新增收入中有很大一部分来自对进出口商品征收的税收。例如，对进口的酒、一般商品和羊毛织物征收的税收是重要的收入来源。在 13 世纪，主要收入来源则为羊毛贸易业，在当时羊毛税是王室增加收入的主要途径。到了 15 世纪下半叶，仅仅是这一项的关税，每年就可以带来 3 万英镑的收入。

对羊毛贸易征收的税收，是在三个群体（出口商，羊毛生产者及其在议会的代表，以及王室）达成协议后施行的，对于这里面涉及的故事，艾琳·鲍尔（Eileen Power）进行过精彩的描述。[①] 根据这个协议，经营大宗羊毛贸易的商人获得了对羊毛出口贸易的垄断权和在加莱的一处仓库，议会获得了规定

---

① Eileen Power, *The Wool Trade In English Medieval History*（Clarendon Press, 1941）.

税收的权力，王室则获得了收入。与法国不同，英国的税收负担是由拥有一定政治权利的两个阶层即地主和商人来承担的。我们可以看到，在英国，从《大宪章》时代开始，王权就不得不用"出售特权"来换取财政收入。对于这整个过程，斯塔布斯（Stubbs）给出了非常精彩的描述：

议会所拥有的立法权、调查权力滥用的权力以及参与国家政策制定的权力，实际上都是用钱从爱德华一世和爱德华三世那里购买来的。不过，这两个君主也有不同，爱德华一世已经有了一个正确的国家统一理论，至于爱德华三世，与其说他具有政治远见，还不如说他是在金钱的激励下寻求对自己规划的国家的承认。完全有理由认为，虽然英国人民为了捍卫自由不怕流血牺牲、从不退缩，但是他们在不同时期成功地用来约束王权的限制权大部分是用金钱买到手的；任何一个党派都不会把按约定的代价授予和接受权利看作一件羞耻的事情。亨利三世在 1225 年确认《大宪章》时直截了当地承认了如下事实，"为了这一让步，为了能享有这些自由和《森林宪章》（*Charter of the Forests*）所包含的权利，大主教、主教、大小修道院的院长、伯爵、男爵、骑士、自由农民和王国的所有人都要从他们全部的动产中拿出 1/15 给我们。"

关于《自由大宪章》（即《大宪章》）的制定，实际上与制定关于一个特许城市的宪章是相似的。1297 年，爱德华一世坦率地公开宣称，不满足他的要价，他将不会重新确认他父亲当年确认过的《大宪章》。1301 年在林肯郡，男爵们代表整个贵族共同体告诉国王，如果他们的要求获得批准，他们将会增加对王室的赠予，增幅从（动产的）1/15 ～ 1/10 不等。1310年，男爵们又告诉爱德华二世，他们愿意将（动产的）1/20 赠予王室，来购买免受拘押和其他冤屈的权利。1339 年，国王告诉公众，为了让民众得到自由，已经授权大臣将"特定的权利赋予一般国民"（as grantz et as petitz de la commune），对此，他们在下一次会议上给出的答复是，如果他们的条件得不到满足，就肯定不会赠予王室补助金。在 1340 年法令的出台过程中及稍后几年，也都围绕着那些年间对王室的拨款需要满足的条件进行了各种各样的"排演"，这表明这种思想已经为人们所熟悉了。事实上它为一些理论上无法解决的难题提供了一种实际的解决办法。国王拥有作为他的人民的领主的权利，人民则有作为自由民（freemen）和身为王国境内三个等级的权利（国王则是所有等级的人格化）。对于每一种权利，要在理论上定义清楚是极其困难的，但是一旦简化为一种"你买我卖"的问题，在实践中就变得很容易处理了。[1]

关于尼德兰地区的国家和私人部门之间的关系，由于实在过于复杂，我们在这里无法详细讨论。在那些战乱难息、瘟疫频仍的日子里，在各低地国家，封建利益与国家利益之间的冲

---

[1] William Stubbs, The Constitutional History of England (Clarendon Press, 1896), vol. 2, pp. 599-601.

突，由于各个基本上自洽的城市内部发生在手工业工人与城市贵族之间的内斗而变得更加复杂了。此外，低地国家从事羊毛织物和金属制品的大宗出口贸易，也使整个地区成了"流金淌银之地"。当勃艮第人占据了这个地区之后，他们是通过鼓励商业贸易来增加财政收入的。在"美男子腓力"统治期间，安特卫普发展成了欧洲最大的商业中心。1433年，"美男子腓力"实现了币制统一。勃艮第人还鼓励发展受到城市中行会限制的织布业向更自由的郊区转移。航运业和渔业的繁荣，与织布业一样，都是以牺牲同业行会为代价而实现的。不过，再一次，我们还是要到政治结构中去寻找对于长期有效的财产权的含义。下面这段话，简明扼要地描述了勃艮第人的制度。

　　勃艮第的公爵们创建了一个中央政府，使整个公国相当于一个联邦制国家。大议会（Great Council）由各省代表组成，一步一步地变成了可以对除了地方宪法之外的一切事务行使权力的权威机构。它的司法分支于1473年变成了梅赫伦议会（Parlement of Malines），即最高上诉法院。1471年，公国根据"敕令骑士连"（Compagnies d'Ordonnance）的军队编制方法建立了一支常备军。最重要的是，"美男子腓力"召集起来的三级会议由来自各地的三个等级的代表组成。征税要经地方议会同意才能征收，这样三级会议事实上是地方议会的代表的大会。这个新的具备联邦性质的君主制政府仍然是一个有限政府，尽管它的公爵们都有专制倾向——这也是那个世纪的一个共同特征。简言之，由于个人有创办和经营企业的自由，同时在内部的安宁和公正得到了有效的维护，且财政资金可以在幅员广大的全国范围内筹集，尼德兰正经历着从中世纪晚期到现代的缓慢而曲折的演进过程。[①]

西班牙民族国家演化的模式也是现在我们熟悉的，其特点是一直伴随着内部动乱和对外侵略。在西班牙，由于存在着摩尔人建立的多个国家，情况更加复杂了。直到 1492 年收复了格拉那达之后，才将摩尔人击败。在卡斯蒂利亚王朝（Castile）统治西班牙以前，那里显然一直存在着多种形式的政治结构，值得一提的是，加泰罗尼亚议会与英国议会相似，能够对王室的"钱袋子"施加强大的影响，而且在这整个时期都保留了一定程度的财政自主权。尽管西班牙民族国家演化的主要线索都与卡斯蒂利亚王朝有关，但是还应指出，加泰罗尼亚在经济上的发展速度远远超出了西班牙的其他地区。在加泰罗尼亚地区，议会在 13 世纪时就已经有了一定的影响力，贵族们除了免缴最主要的土地税之外，还能够分享一定的财政收入。早期的各种税收，例如一种名为"alcabala"的销售税以及一种名为"sisa"的营业税，都是在市政和地方性的税收之外征收的。不过，"羊主团"的收入仍是王室财政收入的主要组成部分和增长最快的来源。

---

① The Shorter Cambridge Medieval History（Cambridge University Press, 1952），vol. 2, pp. 1044-1045.

在土地仍然很充裕时，羊毛业作为一个产业就已经发展起来了，通常的模式是夏季在高地放牧，冬季在低地放牧。西班牙各地的牧羊人组建了同业行会，人称"羊主团"。后来，在 1723 年，阿方索十世（Alfonso X）将各地的羊主团合并成了一个统一的行会，称为"卡斯蒂利亚荣誉羊主团大会"（Honorable Assembly of the Mesta of the Shepherds of Castile）。对此，一位历史学家这样描述：

> 动机要从国王在财政上遇到的困境中去找。国王认识到，对牲畜征税比对人征税容易得多，因此就将所有"羊主团"合并成了一个能够为君主提供可观的财政收入的统一组织。作为交纳这种税的交换，羊主们从阿方索十世那里获得了一系列特权，其中最重要的是将对所有流动放牧的羊群（包括走失的羊群）的管理权扩大到了整个卡斯蒂利亚王国，而且这种管理权一直在扩大，最后甚至扩大到了各地"羊主团"圈养的"固定"羊群和要"换场"的流动羊群（后者指在某个特定的城镇范围之内沿着河岸放牧的羊群）。①

在费迪南德和伊莎贝拉统治西班牙时期，在不断的内乱中，作为一个民族国家的西班牙逐渐形成了。权力慢慢地集中到了君主手中，而地方领主的权力则遭到了削弱。国家的财政

---

① Jaime Vicens Vives, An Economic History of Spain（Princeton University Press，1969），p.25.

收入也因此从 1470 年的 80 万马罗维第斯（marovedis）增加到了 1504 年的 2 200 万马罗维第斯。不过，要指出的是，西班牙的统一主要是政治上的而不是经济上的，因为根据诸多具体规则，加泰罗尼亚人是不参与西班牙王国的经济事务的。与很多别的地方一样，伊莎贝拉和费迪南德之所以能够取得成功，主要原因在于民众对贵族们发动的令人恐怖的内乱实在太过深恶痛绝了，他们非常希望结束内战，哪怕要付出失去代表权的代价也在所不惜。1480 年之后，卡斯蒂利亚议会就很少召开会议了，于是一个"有秩序的专制政府"应运而生。

就这样，民族国家在荷兰、英国、法国和西班牙逐渐形成了。不过，国家的性质在这些地区之间并不相同。法国和西班牙发展出了"专制的"君主制，而荷兰和英国则成功地通过议会的形式实现了对统治者的制约。我们在下面将会看到，各个国家的不同性质、各国君主所面临的不同约束，对各国的制度和财产权的特点产生了深远的影响。

第四节

14 世纪始于一系列抑制人口增长的"马尔萨斯紧箍咒"。整个 14 世纪，西欧的人口一直在下降，并且在长达几乎一个半世纪的时间里一直保持在很低的水平上。人口的下降使得前一个世纪普遍存在的相对要素稀缺状况完全颠倒过来，从而使得 13 世纪的变革在一定程度上出现了逆转，进而影响了社会的经济组织。当然，完全倒退回 10 世纪那种相对自给自足的封建庄园经济是不可能的。例如，与前几个世纪形成的许多习惯法一样，货币经济也保留下来了。

封建社会的制度结构已经不可逆转地被民族国家取代了。自愿的制度安排、市场和政府这三者的"混合结构"在实际上发生了基本性的变化。货币经济和技术变革扩大了战争的规模，从而扩大了政府单位的规模。无政府状态、混乱失序和人口减少，提高了许多地区的交易成本，从而扩大了政府单位和自愿组织的规模，但是在一定意义上损害了市场。在农业领域，也存在着一些相互冲突的因素。庄园的瓦解使市场的作用增大了，但是同时，上述交易成本的不断上升又导致了一定程度上向自给自足的倒退。

最引人注目的发展是民族国家的兴起。那些头上戴着王冠的首领，起家于不断扩大的战争、发迹于阴谋诡计和背信弃义，他们身上所具有的帮派头目的特点，要远远多于约翰·洛克（John Locke）在一个世纪之后所想象的国王的特点。路易十一在征税事务上的"专制主义"措施，带来了王室收入的大幅度上升。那么，到底是什么决定了王室收入的上限呢？与欧洲其他所有戴王冠的首领一样，法国国王也急需增加收入。显然，对王室收入的约束是真实存在的，这反映在发生叛乱和臣民向其他国家移民的可能性上。无论如何，将国王与帮派头目相类比这种做法从以下这一点来看是符合事实的，即民众要购买"保护"这种服务，并愿意为此支付相应对价。持续不断的封建男爵内战、雇佣兵团伙的疯狂劫掠、外国入侵的可能性，都对民众的生命财产构成了严重威胁。一个能够可靠地提供保护的国王的统治——哪怕他是一个暴君——要比无政府状态可取得多。尽管在暴君的统治下，现有财产权的安全依然危如累卵，但是也比无政府状态下要好得多。不同国家之间，最引人注目的区别在于君主对国家财政的控制不同。在英国和低地国家，税收是由代议机构规定的，国王必须用特权（财产权）和其他让步政策来换取更多的收入。在法国和西班牙，三级会议和议会渐渐丧失了权力。我们在本章提出的解释无疑只是一个初步的尝试，但是它将我们的注意力转向了各种潜在收入来源、这些收入来源的归宿和税收负担承担者的政治权力。

庄园和地方男爵承担的提供司法和保护的大部分职能，都已经由国家承接过来了（但是如前所述，必须注意不同国家之间的不同之处）。

劳动力的实际价值在这整个时期一直在持续提高，这使得农奴在讨价还价时的地位逐渐接近了自由劳动者，正如领主也在逐渐转变为现代的地主一样。因此我们可以观察到，在农业领域，市场外的制度安排正在逐渐向市场内的制度安排演变。地租、工资和个体农场取代了庄园结构。不过与此同时，在某些地方，农业领域也出现了一定程度上的向自给自足经济的倒退，原因是持续的无政府状态或人口减少（因而交易成本提高了）使得市场作为一种资源配置工具的成本比 12 世纪时更高了。

在非农业部门，中世纪后期出现了连绵一个世纪之久（或更久）的市场萎缩的状况。当然，也有一些例外，例如意大利的许多城市似乎就没有受到什么影响，热那亚的市场甚至在竞争中不断扩大。不过，总体上而言，大部分集镇都在衰落，并且就仅存的区际和国际贸易展开了激烈的竞争。作为一种旨在保护现有市场的共谋协议而出现的汉萨同盟，逐渐被低地国家的竞争取代了。最突出的特点是行会权力不断增大，无论是农业领域的（"羊主团"）、多城市的（汉萨同盟），还是城镇中的手工业者的行会，都是如此。在这个为不断萎缩的市场而激烈竞争的特殊历史时期，行会的主要目标是形成一定程度的垄断权力，然后限制供给。其结果是，与没有行会时相比，产品价格上升了、产量则下降了。其实际后果则是，出现了从市场向另一种制度安排的转变，从而使得对市场的利用比更具竞争性的组织安排更少。

获得垄断权力的关键是，怎样才能拥有限制他人进入市场的强制力量。这两个世纪最重要的特点恰恰在于：强制力的行使者从自愿维持治安的私人或提供保护的地方男爵转变到了民族国家。就像提供司法和保护从男爵转移到了国王一样，原来由垄断性行会行使的制裁和保护，也转移到了国王那里。到了中世纪末期，国王已经能够对自己的王国范围内的所有市场实施排他性的专有权利。手工业者和商人的自愿团体——行会——现在已经心甘情愿地为了获得如今只有国王才能赋予的排他性特权而"付费"。

至此，人们很难不得出这样一个结论，14 世纪和 15 世纪是两个阴郁的世纪：饥荒不断、瘟疫频仍、兵连祸结；在无仗可打时，雇佣兵团伙四处游荡，随意打家劫舍。是的，这是一个时代的终结。传统的社会组织形式瓦解了，一种新的秩序诞生了。当然，新秩序的出现是一个痛苦而漫长的过程。

那么，生活标准到底是提高了还是下降了？毫无疑问，直到 1450 年之前，更有利的土地 / 人口比一直在推动农业劳动者的实际工资上升，同时，地租的不断下降减少了出租人的收入。如果只发生了这两种变化，那么总体上应该会导致人均收入上升，但是，如果我们把市场规模缩小、无政府状态长期延续以及由此导致的交易成本的提高也考虑进来，总体后果如何就不再是如此清晰了。

无论如何，我们以更积极的基调来结束本章是合适的。这不仅仅是因为民族国家（在大多数人看来）无疑是对封建男爵们不断混战的无序状态的改善，而且是因为在 15 世纪后半期，我们又开始看到人口再一次恢复增长了。随后，市场迅速复苏，推动人们去探索如何将商业活动扩展到欧洲大陆以外的地区。葡萄牙航海家亨利王子大力鼓励的探险活动，只有在商业复兴和船舶及航海技术得到改进之后才有实现的可能。到了这个世纪末，他们就不仅开辟出了新的商业来源，而且发现了一个有待殖民的新世界。

第三篇

公元 1500 年至 1700 年

第八章

财政政策与财产权

在第一章中，我们已经阐明了，有效率的经济组织是经济增长的基本要求。如果存在着这样一种组织，那么一个社会的经济就会增长（如果它的愿望是经济增长的话）。在理想情况下，通过提供适当的激励，一个完全有效率的经济组织就可以保证每种活动的私人收益率与社会收益率相等，并保证两者在一切经济活动之间都相等。这就要求，每个人都希望最大化自己的财富，并且拥有以自己认为合适的任何方式利用自己的土地、劳动力、资本和其他财产的排他性权利，同时还要求每个人都有权决定将自己的资源转让给任何其他人，并将财产权定义为只有自己会因对自己的财产的使用而受益或受损。

如果真的想为整个社会创造这样一个经济乌托邦，就要进行适量的研究和开发，要在适当的时机将新知识应用于经济活动，还要有适量的人力资本和实物资本可用并得到有效利用，而且每种生产要素都应按边际产量获得各自贡献的价值。总之，社会必须以对当期产品（相对于未来产品）的偏好所决定的最优速度发展。

当然，上述条件就是放在现代也不可能具备，因为要建立这样一种经济组织的交易成本高得无法想象。只要对财产权的界定和实施仍然是不完善的，那么某些活动的私人收益与社会收益就一定会存在差异，因为利用或转让自己的资源的个人应付（应得）的成本（收益）中会有一部分归于第三者。这种差异之所以会一直存在，是因为给定经济体现有的政治经济组织，消除每一种外部性的成本将超过收益。在任何一个特定的情形下，要与受经济活动影响的所有人达成契约安排都要付出非常高昂的成本，或者说，无论是要有效地度量已施加的外部成本（或收益）、抑或是要影响政府去改变该种情形，都将是不可能的。因此，纠正要依签约成本和度量成本而定，而且无论发生的是哪一种成本，外部因素都将一直存在，直到经济社会的变化使得将之内在化的收益高于将之内在化的成本为止。

第一节

我们在前面已经看到了，相对价值的变化在一定程度上是由中世纪时期人口的不断增长所引发的。其结果是，推动了西欧经济组织的改进。例如，领主 - 农奴关系慢慢让位于地主 - 占用者（即地主 - 佃户）和工资收入者之间的关系。同样审慎地，随着无数现存的习惯法上的权利被吸收融合，不成文法在越来越大的范围内让位于对个人权利和财产做出了明确规定的成文法。特别是要素市场上的条件得到了改善，劳动者现在通常已经可以自由地去寻找能为自己带来最高报酬的工作了，他们可以"保住"大部分劳动所得，同时土地也已经开始被视为可以自由转让的财产。

不过，资本市场和商业组织仍然未能摆脱高利贷法规和强调"公平"价格的伦理观念的桎梏，所以人们不得不通过成本更高的其他安排来绕过它们。产品市场通常是被垄断的，外来者不得加入贸易，对制造业者来说这种限制尤其严重。鼓励对研究和开发进行投资的激励措施也极其罕见。即使当财产权已经开始出现之后，其实施仍然具有很大的不确定性，并且受到了随民族国家的诞生而出现的难以预测的政治形势的影响。经济和政治变革的进程本身就是与未来的制度安排的不确定性所导致的额外成本密不可分的。

在继续对人口增长所导致的中世纪制度条件的变化进行总结之前，我们要重申一下，随着市场的扩大，"效率"要求在新的契约安排中以货币支付来代替各种劳役。在农奴制消亡的过程中，劳动力逐渐变得"自由"了，可以去寻找最优的回报，同时土地则得到了租金，结果导致基本的封建庄园关系日益式微并最终消失。同样地，由于市场经济的出现，政府现在可以获得货币形式而非劳役形式的税收，因此也就能够根据需要组建属于自己的专业官僚队伍以及军队了。

一般来说，除了资本市场这个例外之外，中世纪时期要素市场的组织改进是领先于产品市场的。除了国际集市之外，通常的产品市场往往因享有特权的行会和垄断的存在而非常不完善。尽管存在着种种障碍，市场经济在整个欧洲的扩展仍然带来了增量收益。

第二节

近代初期可以从市场获得的最大收益是产品交换效率的极大改进。为市场而生产，意味着除了要生产商品之外，还要销售商品，即通过一系列转移商品的过程，让商品到达消费者手中。生产农业产品和制造业产品的方法的改进，由于新技术缺乏财产权的保护而受到了阻碍。因此，这个阶段所发生的技术变革，就像在中世纪时期一样，通常也是市场扩大所引发的专业化的结果。一方面，农业产品的生产由于土地数量固定而呈现出规模收益递减的特点；另一方面，制造业则不受这种制约，呈现出规模收益不变的特点。

此外，用于直接生产商品的资源，也可以用于转移这些商品。商品在不同经济单位之间的转移，需要得到关于交换机会的信息，也就是说，要付出搜寻成本（search costs）。对交易条件进行讨价还价，需要付出谈判成本（negotiation costs）。此外，还需要确定实施契约的程序，即需要付出实施成本（enforcement costs）。提供所有这些服务的成本总称为交易成本（transaction costs）。

一个经济体对交易部门提供的服务的需求，是从对被交换的产品的需求派生出来的——有此方有彼。对商品的市场需求是贸易的潜在收益的函数。正如我们在前面已经解释过的，贸易的潜在收益依赖于个人的偏好，也依赖于各地区的资源。在近代初期（early modern period）在一些地区出现的人口增长，也像在中世纪时期一样，使得整个西欧贸易的潜在收益不断提高。

凡是贸易的潜在收益提高的地方，对交易的需求就会增加。不同于工业产品或农业产品的生产部门，交易部门是有规模经济的。也就是说，随着交易部门的交易量的提高，贸易的单位成本将会下降。规模经济依赖于一个有固定分量（fixed component）的成本函数。在存在规模经济的部门中，随着产出的增长，该固定分量的单位成本随之下降。因此，如果在交易部门的规模经济的收益超过了农业生产率下降造成的损失，那么即便不存在技术变革，市场经济的扩大也可以增加居民的人均收入。

在前面列出的三类交易成本中，每一类都包括一些固定成本项目。例如，搜寻成本包括收集市场信息的固定支出。信息一旦被收集起来，任何数量的买者和卖者就都可以利用之。收集信息的成本是不受利用信息的人数影响的，利用信息的人数越多，单位成本越低。传播市场信息的成本可能是与距离成比例的，因此买卖双方都集中在同一个市场也可使单位成本减少。任何时点上的谈判成本都可能彼此相异，但是随着交易规模的扩大，制定出标准惯例或基本贸易条款作为谈判的出发点无疑是有好处的。这样，要达成协议就用不着就所有条款进行艰难的讨价还价了。实施成本也服从规模经济，因为制定程序和法规、对政府施加影响都包含着固定成本因素。这样，随着交易规模的扩大，利用市场的单位成本降低了。

在中世纪，要素市场已经出现了不少改进，但是在交易部门以及与它密切相关的资本市场上，还有非常大的获取收益的空间。但是，由于直到这个时期结束时也没有出现一种能够有效激励发明的手段，因此新的生产工艺技术的发展受到了阻碍。不过，改进市场效率所必需的知识，在更早的时候就已经由意大利人发展起来了，而且已经为世人所熟知。剩下的问题就是，如何随着交易规模的扩大来采用这些改进。

第三节

有些国家为了利用这些机会改变了它们的基本制度安排，结果发展起来了，不过这种情况的发生也并不是不可避免的。随着贸易的发展，出现了这样一种需求：创造更大的政治单位，以便在更广大的地区界定、保护和实施财产权（由此也就将远程贸易的某些成本内在化了）。政府提供的服务在一定的产出范围内也是服从规模经济的。一套财产权利一旦确定下来，就几乎可以无限地扩展到其他领域，而新增成本则微乎其微。例如，调解争端和实施法律的法院制度的专门化程度越高，效率就越高；只要有能力在需要时雇用外国军队或维持本国的常备军，就能为更广大的地区提供更有效的保护。

13 世纪至 14 世纪，在战争技术和军事技术方面已经出现了一系列重大的变化，其中最重要的是长弓、长矛和火药的使用（后来的结果是火炮和滑膛枪的出现）。但是我们目前仍然不清楚，到底是交易经济的发展本身就构成了扩大战争规模的充足条件，还是上面提到的各种创新导致了战争的扩大。不过无论如何，总的后果都是：政治单位的生存条件发生了剧变，因此要使一支军队达到"有效规模"，不仅需要更多的军人，而且要求有更多的军事训练、更严明的军事纪律（这对长矛兵来说尤其重要）、费用更加高昂的军事装备（比如说，火炮和滑膛枪）。依赖手持长矛的重装骑兵冲锋陷阵、崇尚骑士精神的时代已经逝去不复来了，取而代之的是热那亚的弩兵、英格兰（或威尔士）的长弓兵和瑞士的长矛兵称雄的时代，而且谁出价最高，谁就可以雇用他们。

随着市场经济的发展，要求建立更大规模的政府的压力越来越大，众多的地方庄园面临着两个选择：一是将自己的管辖范围扩大到邻近的庄园，即与其他庄园联合起来建立更大的政治单位；二是放弃某些传统的政治特权。随着市场的出现，在整个西欧，越来越多的政府职能开始由区域性的和全国性的政治单位来承担，这构成了一个日益高涨的浪潮，最终导致了民族国家的建立。

行文至此，我们暂且中断一下对历史的叙述，转而从经济理论的角度进行类比分析。不妨以一个存在着为数众多的小企业的竞争性行业为例。假设引入一项创新之后，就能够在相当大的产出范围内实现规模经济，从而使得企业的有效规模变大很多。这样一来，从原来的竞争均衡到新的（和可能不稳定的）垄断，很可能是沿着这样一个途径完成的：最初的那些小企业，要么扩大规模、进行合并，要么被迫破产，结果只剩下极少数规模最优的大企业。但是，即便到了那个时候，结果也仍然是不稳定的。这少数几个大企业为了实现串谋、操纵价格、组建联盟，也还是要付出很多努力。但是，如果其中某个企业背叛了联盟协议，那么它就可以得到所有的好处，随之而来的结果是，休战期结束，取而代之的是残酷的"割喉式"削价竞争。

如果将上面的描述转用于我们讨论的这个时代的政治领域，我们就可以发现许多惊人的相似之处。1200—1500 年，西欧的众多政治单位在一个阴谋诡计前后相接、战争动乱频繁发生的世界，经历了无休止的扩张、联盟和合并，甚至在那些最主要的民族国家出现以后，和平时期仍然不断地被打断。总而言之，这是一个扩大战争、施展外交手腕和玩弄阴谋诡计的时代。成本增长的幅度是极其惊人的。战争意味着政府的支出至少要增加四倍。关键是大多数年份都深陷于战争之中，和平曙光难觅。各国的君主一直债台高筑，因而在绝望之下不得不经常采用各种权宜之计。破产的威胁一直是一个驱之不散的阴影，对许多国家更是紧迫的现实。因此，事实是君主们其实并不自由，他们受到了没有止境、也无法控制的财政危机的制约。

这整个过程当然不能说顺利，更不能说毫无痛苦。每个发展中的政治单位都不仅遇到了深重难解的财政问题，而且必须与野心勃勃的对手进行残酷的竞争，因此不可避免地卷入了无穷无尽的政治结盟、合并、阴谋乃至战争之中。无论选择什么途径，合并和扩张的成本都大大超出了传统的封建财政收入。

由于人口在整个 14 世纪持续下降，而且在进入 15 世纪之后也未能恢复，各国的财政形势更加恶化了。在 14 世纪和 15 世纪，那些挣扎求存的初生的地区性和全国性的政府都发现，利用受过训练的、纪律严明的职业士兵，能够提升军队的最优规模，但是同时由于人口减少导致的工资相对增长，每个士兵的单人成本都提高了。出于同样的原因，通常以土地租金为依据的封建义务的货币价值下降了。这些相互竞争的初生民族国家，在应对持续的财政危机的过程中很快就发现，生存下去所需的财政收入数额越来越大了，而且这些收入只能由新的收入来源提供。那些相对而言更加有效地解决了财政问题的政治单位生存了下来，而那些相对无效的政治单位则被竞争对手吞并了。

在财政收入不断减少而财政需要与日俱增的形势下，欧洲的君主们面对的是一个越来越难解的困境。习惯法和传统规定了他们从较小的领主那里所能获得的捐税的上限，而且正如《大宪章》本身已经充分证明的，国王如果逾越了公认的习惯法的界限，那么反叛随时都可能爆发，而且许多国王的封臣几乎跟国王一样强大（事实上，勃艮第公爵在很多时候都比法国国王要强大得多），如果他们联合起来，那么肯定更加强大。觊觎王位的竞争者往往不止一个，而且即便没有热衷权力的王位竞争者，强大的封臣也始终是一个令国王寝食难安的威胁。封臣要颠覆国王，要么从内部发动叛乱，要么勾结外来入侵者（例如，勃艮第人与英国结盟，共同反对法国王室）。因此，君主有可能需要大量举债，而且正如银行家向王室贷款的一系列事件（开始是意大利银行家，后来是德意志银行家）所证实的，这确实不失为一个应付战争导致的短期财政危机的重要办法。但是因为不能将欠债不还的君主起诉到法院，所以出借人为了弥补风险就要收取很高的利息（不过通常要做一些掩饰以规避反高利贷法律），或者留置担保品（早期是王室土地，后来是王室珠宝，又或者是承包关税、获得某种垄断特权）。但是国王违约的事情时有发生。爱德华三世违约，导致佩鲁齐家族（Peruzzi）和巴尔蒂家族（Bardi）破产；后来查理五世和腓力二世又使吉诺维塞家族（Genovese）和富格尔家族（Fuggers）遭受了灭顶之灾。为君主融资，不仅是这个时期资本市场上最炙手可热的业务之一，而且是推动像佛罗伦萨、安特卫普和阿姆斯特丹这样的金融中心发展的一个主要因素。

无如如何，如果君主有心偿还贷款，就需要先获得财政收入。是的，贷款也许可以帮助国王渡过战争的惊涛骇浪，但是战争结束之后国王就会面临严峻的还款任务。如果说为君主提供贷款这种业务对资本市场的发展产生了重大影响，那么建立偿还贷款的定期收入来源，就对国家与私人部门之间的关系的发展发挥了引领作用。

毫无疑问，规模更大的政治单位最终肯定会形成，但是问题在于在众多小国家中到底哪一个能够通过显示出更高的相对效率来证明自己才是有权继续存在的那一个。每一个小国家都要为生存而战，都极力寻找新的财政收入来源。无偿征用财产提供了一个短期解决办法，但是事实应该会证明这在更长的时间里要付出很高的代价（即便不是致命的代价）。或者，国家也可以选择重新界定或改变财产权，或更有效地实施各种已经登记造册的财产权，以便让私人部门受益，当然这要付出一定代价。国家还可以通过发放许可证——允许人们利用新发现的获利机会或因为市场的扩张或收缩而变得可行的获利机会——来收取费用。

由于这些好处肯定会落到出价最高的那些人手中，因此并不一定能够保证这些制度变化从社会的角度来看也是更有效率的。给定 1500 年时的财产权状况，大部分活动的私人收益率往往与社会收益率有很大的不同。这恰恰是我们的论点的一个关键所在：欧洲各个经济体在 1500—1700 年间之所以会在经济绩效上出现那么大的差异，主要原因就在于当时开始兴起的各个国家在应对持续的财政危机时所创建的财产权的形式。下面，就让我们分析一下为什么会这样。

第四节

为了更好地理解相关背景，我们必须先在一个更加广阔的背景下解释国家的功能，而不仅仅局限于单独讨论封建社会的那种背景。事实上，即便是在我们生活的时代，政府也仍然主要是一种将保护和司法出售给自己的选民的制度安排，而且政府是通过垄断确定和实施产品和资源的财产权以及授予转移资产的权利来实现这种功能的。作为对提供这种服务的回报，政府可以获得税收。提供保护和司法的规模经济，使得这个交易可能对选民来说也是合算的，因而也就为被统治者与政府之间的互惠交易提供了基础。只要这种规模经济一直存在，国家保证扩大对财产权的保护和实施，就能提高所有选民的收入；如果把增加的收入称为储蓄（saving），那么这种储蓄将会通过某种形式在选民和国家之间分配。

那么，到底是什么决定了这种储蓄的分配呢？公民们感兴趣的是得到尽可能多的增量收入，然而国家也是如此，因为在这个时期，国家本身的生存往往依赖于能否实现当期财政收入的最大化。下面让我们再分析一下第七章描述过的 14 世纪和 15 世纪的历史证据。不难看出，在这两个动荡不安的世纪里，热衷于通过为某个给定地区提供政府服务来换取税收收入的潜在供给者，往往不止一个。在任何一个政治单位内，国王的许多有权势的封臣都非常希望取得控制权。同样地，外来者——其他政治单位的敌对的王侯们——也虎视眈眈，随时准备取而代之。从逻辑上看，哪个国家让选民获得的源于更广泛的保护和司法管理的收益的比例最高，选民们就会接受那个国家。然而在事实上，从选民的角度来看，理想的解决办法是授予选民确定政府服务的价格（税收）的宪法权力；从君主的角度来看则恰恰相反，因为君主的安全感取决于君主能够在多大程度上自由决定税收来源和税率。当权的君主掌握的垄断权力越大——也就是说，竞争对手们越弱、威胁越小——那么国家可以占有的租金的比例就越高。

我们在前面已经指出过英国和法国出现不同模式的种种原因。就英国而言，议会已经从君主那里夺取了对征税的控制权，而在法国，15 世纪的无政府状态（所有财产权都得不到保障），导致三级会议将征税权拱手让给了查理七世，以交换君主对更好的秩序和保护的承诺（免受雇佣兵团伙和英国入侵者的掠夺）。这位法国国王在履行这个承诺的过程中肃清了所有与他势均力敌的对手，从而使得王室处于更加有利的地位，可以要求在因摆脱了无政府状态而产生的"社会储蓄"中得到更大的份额。

国家对经济中哪些部门征税收益最高？这必定始终都是由经济结构决定的。

国家从改变和保护任何一个经济部门的财产权的过程中获得的净收益，不仅取决于社会收益，也依赖于相关的交易成本。国家通过创设新财产权可以获得的净收益，取决于创造出来的实际收益或储蓄减去创立新的制度安排的成本。必须从社会储蓄中减去谈判成本和创设新的制度安排的成本、衡量收益的成本、征收适当税收的成本和实施新财产权的成本，这样才能得出国家所能直接获得的财政收入。在近代初期，每个年轻的民族国家对内对外都面临着紧迫的压力，它们在这种形势下最感兴趣的是创设能够实现当期财政收入最大化的新制度安排。因此结果是可以预料的：在紧迫的压力之下创设的新制度安排，往往并不是能够使得社会收益最大化的制度安排。

例如，政府既可以继续承认和（或）保护无效率的财产权（如垄断和行会），也可以创造更有效率的产权（比如说，保障市场开放），前者更加容易。垄断的受益人很容易识别，私人收益的衡量也较简单，因而税收也更容易协商确定。此外，国家实施垄断也不困难，因为垄断者可以将"犯规者"告知当局，当然要征税也容易。将特权转让出去，对国家来说也是一种潜在空间很大、代价相对低廉的财政收入来源。如果国家致力于创设和保障公开市场，那么在识别受益人及与受益人谈判时都会遇到很大的困难，同时在税收的确定和征收上也将面临种种不确定性和多方面的障碍。然而，如果国家开创其他收入来源时受到了重重限制，而且事实证明这种财产权的创立和实施是空间最大的财政收入来源，那么国家就会创立之。

君主在寻找财政收入来源时的"自由度"在整个欧洲不同国家之间存在着很大的差异。君主可以选择无偿征用财产，但那样做等于是竭泽而渔。当君主可以使臣民相信他们面临袭击或入侵的威胁时，他也可以取得强制性贷款。他还可以通过授予特权来换得财政收入。这种特权主要包括授予财产权，或者保护财产权利的保证。显然，国家从自愿团体接过对财产权的保护，是有规模经济效应的。当商业贸易的扩展超出了庄园和城镇的范围之后，农民、商人和货主都发现，如果有了一个规模更大的拥有强制力的政府当局，私人保护的成本将会大幅下降。在政府和被统治者之间的互利性交易的基础已经奠定，但是没有两个君主面对着完全相同的经济。既然在私人部门中，个人总是有激励"搭便车"（即逃税），所以君主不得不去寻找那种既容易度量也容易征收的财政收入来源。与我们今天的税收结构形成了鲜明对比的是，当时还不存在支持这些活动的制度结构，因而在大多数情况下，信息成本非常高，排除了现代可供选择的其他办法。以下两种极端情况，充分说明了这些极力挣扎求存的国家在当时所面临的困境和可能的选择。（1）在对外贸易已经成了经济的一个重要组成部分的那些地区，度量和征收税收的成本一般相对较低——如果贸易是通过水运来完成的，那么成本就更低了，因为港口的数量通常有限；（2）在贸易主要为地方性的（局限于一个城镇内部，或一个很小的地理区域之内）或主要局限于经济体内部的那些地区，度量和征收贸易税的成本通常很高。

在前一种情况下，从国家的角度来看，进出口税可能是最有效的税收；在后一种情况下，国家出让垄断权，或对生产要素进行征税也许是更有效的财政收入来源。无论哪一种情况，税收的性质和征收的办法对经济效率都是至关重要的。

君主以财产权交换财政收入的可用方法非常多（而且许多都是非常"巧妙"的），由于篇幅所限，我们在本章中只能列出其中几种。在英国，转让土地的权利是由 1290 年的《封地买卖法》（Quia emptores）确立的（对于贵族，则是在 1327年）。原因在于：如果国王不这样做，就会因"再分封制"而失去很大一部分财政收入；后来实施的《遗嘱法》（Statute of Wills，1540 年）允许土地继承，因为各种土地"用益权"使国王损失了财政收入。在 13 世纪，法国的香槟地区和安茹，也都出现了类似的情况，这样做不仅仅是为了防止财政收入遭受损失，也是为了方便在土地转移时征税。国王授予城镇贸易特权和垄断权以换取收入。授予外国商人合法权利，规定他们可不受行会的约束，也是为了换得收入。行会被授予了专有的垄断权，但是作为交换，必须向王室缴纳一定的款项。在进出口方面，国王创设了关税，作为交换，国王授予相关的商业团体垄断特权。在有些情况下，为了获得收入，国王还不得不将税收控制权转让给代议机构。

上面最后一点需要特别强调和进一步阐释，因为它对于我们观察到的各国在 1500 年以后的不同发展至关重要。君主为了获得生存攸关的赋税收入不得不放弃什么东西？或者说，决定君主与"选民"之间的讨价还价地位的到底是什么因素？从前面的论述可以总结出如下三个基本因素：（1）"选民"从国家接替民间自愿团体提供对财产权的保护中所得到

的收益增量；（2）能提供同样服务的竞争者"势均力敌"的
程度；（3）决定了王室采取不同征税方式的收益成本的经济
结构。

第五节

我们现在可以回到本书的中心论题上来了。当然，并不是
上述变量的任何一个组合都能保证一个新生的民族国家建立起
一套能够鼓励长期经济增长的财产权体系。在这个时代，最大
的增量收益是通过鼓励交易部门而获得的。无论如何，政府的
财政需要永远是首要的，同时任何一个君主都没有什么余裕
（即使他们有一定时间）去考虑改革的长期后果和几年后的财
政收入。生存才是当务之急。给定如此短的时间期限，君主旨
在最大化当期国家收入的努力，往往导致实际上抑制了经济增
长的财产权结构的确立。这一点实在不足为奇。同时，一种不
同的要素组合则可能（也许只是偶然地）导致更有利于长期经
济增长的财产权的确立。

在本书的最后一个部分，我们将考察西欧各个经济体的不
同经济绩效（根据当前可得的证据），然后利用上面提出的理
论框架，回溯历史上两组不同的财产权的出现和演化过程。一
组导致了荷兰和英国的持久的经济增长，另一组则导致了法国
的相对迟缓的经济增长及西班牙的停滞和衰退。

第九章

近代初期

历史学家普遍把 1500 年视为中世纪社会与近代社会之间的分水岭。这个新时代的最初两个世纪在历史上有着非常重要的意义，其间发生了一系列事件，比如说，价格革命、商业革命、宗教改革、文艺复兴、地理大发现、新大陆殖民、世界贸易大发展以及作为欧洲政治组织最高形式的民族国家的出现。

然而可叹的是，对于发生在这两个极其关键的世纪中的许多重大现象，却一直缺乏一个内在一致的解释，为什么会这样？"历史学家"这个职业本身的特点可以提供部分解释。大多数职业历史学家都未能摆脱如下这种几成时尚的倾向：轻视一般性的概括而更愿意对某个时间段内的某个领域进行"高度专业化"的研究。结果，几乎没有职业历史学家曾经尝试过对类似于"16世纪和 17 世纪的欧洲"这种宏大的课题进行系统而广泛的考察。

不过，对于上面说的最后一点，马克思主义历史学家可能是一个重要的例外，但是用他们的历史理论来解释这两个世纪的演变过程也会遇到很大的困难。根据马克思主义的历史理论，封建主义是被资本主义取代的。但是问题在于西欧封建主义到 1500 年就已经灭亡了，我们今天所知的资本主义却尚未诞生，至于工业革命则更是远在未来两个半世纪之后的事情。于是，为了说明这段时间，马克思主义历史学家用"新兴资本主义"（nascent capitalism）或"商业资本主义"（commercial capitalism）等术语，描述那是经济组织发展的一个阶段，同样带有马克思主义历史动力学（Marxian dynamics）的全部特征——在这个阶段中，16 世纪为扩张期、17 世纪为危机期（收缩期），导致了资本主义和产业革命。我们认为，从 15 世纪的某个时候开始，新的马尔萨斯周期就已经启动了。人口重新增长，先弥补了 14 世纪的损失，然后继续增长，直到收益递减再次出现。很明显，13 世纪的许多经济因素都在 16 世纪重演了，而 14 世纪出现的许多问题也在 17 世纪重现了。不过，这个时期出现了一个全新的现象，那就是，虽然 16 世纪欧洲各地的人口都在增长，但是随后出现的"危机"只是地域性的，尽管当时有人曾预测将会出现遍及整个欧洲的全面危机。历史事实表明，有的地区和国家顺利地完成了调整，甚至继续保持了经济增长——既是外延性的，也是内涵性的。有的地区和国家则重蹈了 14 世纪普遍收缩的覆辙并陷入了衰落。

到了 17 世纪末，历史已经做出了"裁决"：荷兰和英国为优胜者，法国为"陪跑者"，而西班牙、意大利和德国则为明显的失败者。这是有史以来第一次，有些地区和国家摆脱了"马尔萨斯陷阱"，而有些国家则再次陷了进去。到底是什么导致了这种至关重要的差异呢？

第一节

且让我们先简要地考察一下西欧各个经济体在这两个世纪中总体经济运行状况。欧洲人口具体是从哪一年开始从 14 世纪"马尔萨斯紧箍咒"中恢复过来的，现在还不得而知。就英国而言，有一些间接的证据表明，恢复期是 1460—1480 年这 20 年。不过无论如何，16 世纪欧洲各地的人口都在增长，这一点是非常明确的。

也正是在 16 世纪的某个时候，西欧人口已经超过了黑死病暴发前的水平，虽然发生的准确年份，由于这些"前统计"时期留下的资料过少，无法确定。有一些历史学家曾经尝试过对欧洲总人口做出估计，他们普遍认为，在 1600 年之前，人口已经恢复到了 1300 年时的水平。如表 9 - 1 所示，一位历史学家认为这发生在 1550 年之前，而另一位历史学家则认为这应该发生在 1500 年那个时候。

表 9 - 1　欧洲 1300—1600 年的人口（以百万为单位）

M.K. 贝内特（M. K. Bennett）		拉塞尔（Russell）	
1300 年	73		
1350 年	51	1348 年	54.4
1400 年	45	1400 年	35.4
1450 年	60	1450 年	—

续表

M.K. 贝内特（M. K. Bennett）		拉塞尔（Russell）	
1500 年	69	1500 年	—
1550 年	78	1550 年	45.7
1600 年	89	1600 年	—

资料来源：Slicher van Bath, The Agrarian History of Western Europe, p. 80.

一般观点是，整个西欧在 16 世纪都经历了人口的持续增长。尽管没有可靠的统计证据，但是一位著名的历史学家给出的如下结论可以让我们安心不少，他说：

虽然单个数字也许有值得怀疑的地方，但是 16 世纪留下的资料所反映的整体图景是非常清晰的：无论是统计数据还是其他资料，都说明欧洲人口出现了明显的长期增长。[1]

16 世纪没有发生过瘟疫这个事实，也许可以部分地解释这种现象，同时，饥荒也应该不是最重要的因素——至少与下个世纪的饥荒相比可以这样说。不过，战争是非常普遍的，在整个 16 世纪，欧洲没有发生大规模冲突的时间只有 25 年。然而事实是，欧洲似乎到处都是一派人丁兴旺的景象。

随着总人口规模的扩大，住在城市里的欧洲人的数量也不断地增加。在这个世纪里，西欧大城市的规模超过以往任何时期。不过城市化率（即城市人口在总人口中所占的比例）是不

---

[1]　Karl F. Helleiner, " The Population of Europe from the Black Death to the Eve of the Vital Revolution", Cambridge Economic History, vol. 4, pp. 22-23.

是也真的提高了，则仍然有疑问。实际上，在这个世纪里，城市化率更可能出现了下降，因为大城市的扩大是以牺牲上个世纪的小集镇为代价的。

如果说，人口的全面增长是 16 世纪的特点，那么 17 世纪就恰好相反了。对于西欧民众来说，17 世纪是一个充斥着战争和饥荒且瘟疫横行的严酷时代，每一种灾难都没有缺席。但是，与在 14 世纪给所有国家带来普遍的劫难不一样，在 17 世纪，死神在西欧不同国家造成的灾难的严重性和结果有很大的不同。有些国家在灾难面前毫无抗御力，而另一些国家则能够化解灾难。

在 17 世纪，德国、西班牙管辖的低地国家、西班牙，也许还有葡萄牙，都出现了人口减少的情况。三十年战争（1618—1648 年）令德国受到了重创，而且该国随后又出现了痢疾、斑疹伤寒、天花、鼠疫和饥荒的大规模流行。从人口下降的幅度来看（有人估计，德国人口下降了差不多 40%，那也许有所夸大），德国的损失似乎超过了其他任何国家。

西班牙（也许还有葡萄牙）的人口也因为饥荒和鼠疫而锐减。据估计，西班牙在 1600—1700 年损失了 1/4 的人口。在这个世纪，处于西班牙统治下的尼德兰地区，成了争战不休的欧洲各国"最属意"的战场，结果使得这个地区人口大减，以布拉班特省（Brabant）为例，到这个世纪末人口仅比 1526 年稍多一点。其他处于西班牙统治下的尼德兰地区的情况也好不到哪里去。不过有意思的是，人口减少大部分发生在乡村地区，城市地区受到的影响不太大——事实上根特市的人口还增加了，列日市（Liege）也是一样。与 16 世纪 70 年代和 80 年代人口惊人的减少相反，安特卫普市的人口继续稳定增长。

在这些人口明显遭受了损失的国家之外，还有许多国家在这个时期也未能实现人口增长——最多处于停滞状态，其中最突出的例子是意大利和法国。当然再一次，"马尔萨斯紧箍咒"——饥荒和瘟疫——要对此负责。意大利像西班牙统治下的尼德兰地区一样，也是一个战乱频发之地，在那里，饥荒早就是司空见惯的事情了，另外，1630—1631 年、1656—1657 年的瘟疫也带来了致命的危害。所有这一切导致直到 1700 年意大利的人口仍然未能超过 1600 年的人口。

在 17 世纪，法国也饱受饥荒和瘟疫之苦，导致人口减少。1628—1638 年、1646—1652 年、1674—1675 年以及 1679 年，法国都同时发生了饥荒和瘟疫。1693—1694 年更是发生了必须称之为"大"饥荒的严重灾害。此外，法国还失去了 175 000 名清教徒，他们因宗教原因而逃亡国外。除了在 17 世纪第一个 25 年里，人口可能有所增长之外，在这个世纪里，法国人口似乎一直处于下降趋势，直到这个世纪结束时可能也没有超过这个世纪前 25 年的水平。

正当法国和意大利的人口陷入了停滞时，荷兰共和国（Dutch Republic）和英国却经历了一场人口大扩张。与西班牙统治下的低地国家不同，尼德兰联邦（United Provinces of the Netherlands，或称"尼德兰联省共和国"）在抵抗入侵者方面取得了完全的胜利，虽然他们在防御瘟疫方面失败了

（瘟疫在 1623—1625 年、1635—1637 年、1654—1655 年以及 1663—1664 年相继暴发）。另外，尽管为了抵抗法国而进行的艰苦斗争（特别是在 1672 年）也对一些地区造成了破坏，不过尼德兰联邦的人口很快就恢复了。历史学家普遍认为，尼德兰联邦的人口在这个世纪实现了大幅度的增长。这种增长部分归因于正的人口自然增长率，部分归因于对外来移民采取的友好立场。例如，荷兰（Dutch）为外国移民敞开了大门——不仅仅对有相同信仰的清教徒如此，对来自伊比利亚的犹太人也是如此。城市化程度提高的速度还要更快，以至于荷兰（Holland）地区（尼德兰联邦中城市化程度最高的那几个省）早在 1622 年就有 60% 的人口成为城镇居民。荷兰各城市在这个世纪的大部分时间里都非常繁荣而且处于不断扩展之中。

英国是 17 世纪人口大幅增长的另一个重要国家，尽管它也遭受了多次瘟疫的袭击（例如，1603 年、1625 年、1636—1637 年以及 1665 年）。总的来说，瘟疫对英国的影响远不如意大利那两场瘟疫那么严重，因此英格兰和威尔士在 1700 年的人口明显比 1600 年时更多。举例来说，对于 17 世纪的英国人口，一项得到了普遍接受的估计认为，在这个世纪，英国人口增长了 25%。据估计，英国 1600 年的人口为 480 万，1630 年增长到 560 万，到 1670 年时进一步增长为 580 万，而 1700 年则为 610 万（尽管这些数字可能估计偏高了）。

总而言之，16 世纪欧洲各地人口得到了普遍增长，但是在 17 世纪，即进入近代的第二个世纪，情况却发生了巨大的变化。除了尼德兰联邦、英格兰和威尔士在 17 世纪人口还继续增长外，意大利和法国的人口在这个世纪处于停滞，而西班牙统治下的尼德兰、西班牙，也许还有葡萄牙，以及德国的人口实际上是下降的。

第二节

价格史也与人口史相似。在 16 世纪，西欧各地价格水平普遍急剧提高，价格模式也发生了显著变化。在这个世纪里，绝对价格水平的提高、工资上升的幅度与其他价格上涨的幅度之间的差距扩大是如此的显著，以至于有人称发生了一场"价格革命"。通货膨胀席卷了整个西欧，1600 年的一般价格水平要比 1500 年高出200%～300%。例如，在西班牙，16 世纪末的一般价格水平比该世纪初高出了 3.4 倍，在法国则高出了2.2 倍，在英国高出了 2.6 倍，在荷兰的纺织业城市莱顿高出了 3 倍，在阿尔萨斯、意大利和瑞典则差不多翻了一番。

尽管价格水平确实普遍有所提高，但是实际发生的情况远不如这些数字所显示的这么惊人，因为要使价格水平在一个世纪的时间里翻上一番，每年的增长率只要达到 0.72% 就足够了。以现代的标准来看，这其实是一种非常温和的通货膨胀。进入 17 世纪之后，通货膨胀就结束了，而且此后价格水平的变化再也没有呈现出一般性的趋势。

重要的是，16 世纪的通货膨胀并没有使所有价格都同步上涨。图 9 - 1 表明，在英国，地租指数是所有价格指数中增长最迅速的，提高了 500% 以上。增幅次高的是农业产品价格指数（参见图 9 - 2b），而工资和工业产品价格上升的幅度就要小得多了。

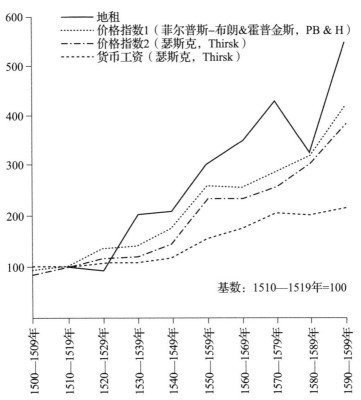

图 9 - 1　1500—1600 年英国的一般价格指数和地租、工资的指数

资料来源：Thirsk, The Agrarian History of England and Wales, vol. 4, pp. 862, 865; Phelps-Brown and Hopkins, "Wage-rates and Prices: Evidence for Population Pressure in the Sixteenth Century", p. 306; Kerridge, "The Movement of Rent, 1540-1640", p. 25.

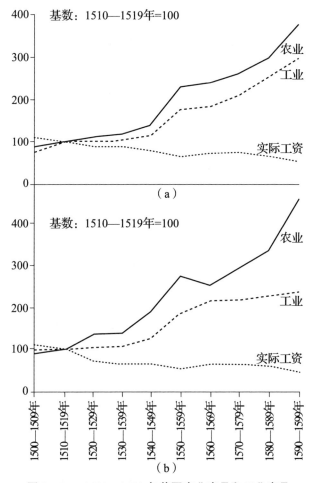

图 9 − 2a　1500—1600 年英国农业产品和工业产品
价格指数和实际工资指数

资料来源：Thirsk, The Agrarian History of England and Wales, vol. 4, pp. 862, 865.

图 9 − 2b　1500—1600 年英国农业产品和工业产品
价格指数和实际工资指数

资料来源：Phelps−Brown and Hopkins, " Wage−Rates and Prices: Evidence for
Population Pressure in the Sixteenth Century ", p. 306; and " Seven
Centuries of the Prices of Consumables, Compared with Builders'
Wage−Rates ", pp. 311-314.

如图 9 - 3a 所示，贸易条件变得有利于农业产品了——在
16 世纪末购买一个单位的农业产品所需的工业产品的数量比
该世纪初更多了。劳动者要消费的产品的价格比工资上升得多
得多，这一点反映在实际工资的急剧下降上（实际工资指数可
以表示民众的生活水平）。由于地租是所有价格中上升幅度最
大的，同时工资则是上升幅度最小的，因此相对要素价格显然
急剧转变为对地主有利了（如图 9 - 3b 所示）。

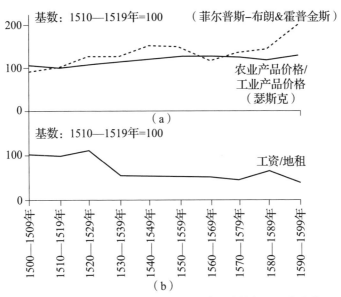

**图 9 - 3a　1500—1600 年英国农业产品价格与工业产品价
格之间的贸易条件**

资料来源：Thirsk, The Agrarian History of England and Wales, vol. 4, pp.
862, 865; Phelps-Brown and Hopkins, "Wage-rates and Prices:
Evidence for Population Pressure in the Sixteenth Century", p. 306.

图 9 - 3b　1500—1600 年英国工资与地租之间的比率

资料来源：Thirsk, The Agrarian History of England and Wales, vol. 4, pp.
862, 865; Kerridge, "The Movement of Rent, 1540-1640", p. 25.

当然，要素价格和产品价格的这些相对变化并不是英国所独有的，只不过英国有我们可以利用的最好的定量数据。图 9 - 4 和图 9 - 5 表明，英国发生的这些变化是整个西欧的一般情况。在德国、法国和西班牙，贸易条件也都变得对农业更有利了，同时实际工资则大幅下降，至于相对要素价格的变化，也是各个地区都相似的。以法国为例，地租在 16 世纪中上升了 80%，而劳动者的工资只增长了 30%。

总而言之，在 16 世纪，一般价格水平的上涨是一个普遍现象。产品和要素的相对价格也以相似的形式发生了变化。农业产品的价格相对制造业产品的价格上升了，同时地租比工资增长得更快；劳动者的实际工资出现了大幅度下降。

第三节

我们在上面指出的这种相似的模式，与 16 世纪在西欧各国都出现的其他一些现象是非常"相称"的。第一个现象是，欧洲各地的贸易量都有了大幅增长，特别是在国际商业活动频繁的北欧地区。欧洲人的商船数量不断增多，它们沿着传统的水道航行，驶入地中海，甚至冒险横越大洋，到陌生的亚洲和新大陆去进行贸易。直到 16 世纪初，这类商业活动的中心仍然集中在意大利北部。米兰、佛罗伦萨、热那亚、威尼斯等城邦以及与它们相邻的一些较小的城市都专门从事制造业和贸易。欧洲其他地区最初就是从这些城市获得地中海地区出

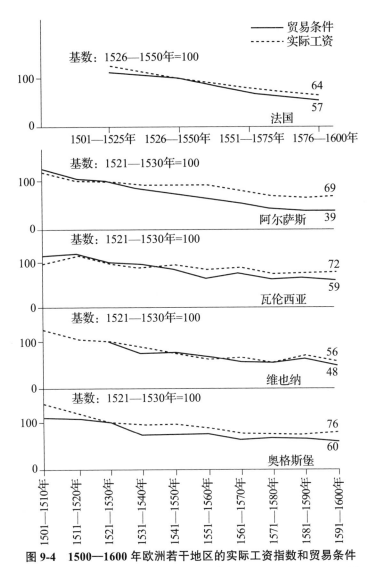

图 9-4　1500—1600 年欧洲若干地区的实际工资指数和贸易条件

资料来源：Phelps-Brown and Hopkins, " Wage-Rates and Prices: Evidence for Population Pressure in the Sixteenth Century ", pp. 305-306; and " Builders' Wage-Rates, Prices and Population: Some Further Evidence ", Economica, 26, no. 101, pp. 35-38.

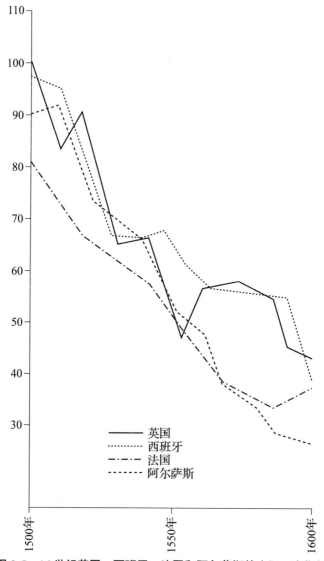

图 9-5　16 世纪英国、西班牙、法国和阿尔萨斯的实际工资指数

资料来源：Phelps-Brown and Hopkins, "Builders' Wage-Rates and Population: Some Further Evidence", pp. 18-38.

产的产品和来自东方的奢侈品的。在这些地区，谷物、盐腌制品（主要是鱼类），还有油脂、酒和乳酪的贸易活动一直非常兴旺，且不断扩大。还有一些船只则满载着生产加工产品所需的羊毛、生丝和皮革等原材料。矿石原料的贸易重要性相对较小，但是一直在增大，而且随着对明矾、珊瑚、铁和铜的需求的出现，这方面的贸易变得越来越重要了。因此，在整个16世纪，地中海一直承担着各种各样的货物运输任务。

不过，从历史上看，最有活力的地中海贸易并不是以当地为起点的贸易，而是以印度、锡兰和印度尼西亚为起点，经陆路进入地中海地区再扩散到欧洲各地的贸易。在传说的香料贸易中，胡椒比肉豆蔻和丁香更加重要。来自中国和波斯的丝（织品）、印度的棉花、中国的大黄和名贵宝石更是使这种外来品贸易充满了异国情调，它们令所有欧洲人艳羡，并使作为这种贸易的中心的威尼斯发展成了当时世界上最大的港口之一。

在中世纪时期，借助优越的地理位置，地中海沿岸的商人们一直把持着这种奢侈品贸易的垄断地位，但是这种局面在16世纪初期遭到了葡萄牙人的挑战。

葡萄牙的商船试图在武装保护下改变传统的航线，横渡大西洋到达印度。不过，这种早期的尝试以失败告终了。直到17世纪，才由荷兰人打破了威尼斯在奢侈品贸易中的优势，但他们依靠的并不是暴力，而是在更有效的海船和经济组织为基础上发起的价格竞争。

16世纪的北欧贸易，虽然把英国、法国、葡萄牙、西班牙统治下的低地国家和波罗的海沿岸各国连接了起来，但是在刚开始时，这种贸易与地中海贸易相比仍然是微不足道的。正如地中海地区支撑着富有生机的意大利各城邦一样，荷兰和佛兰德斯的制造业 – 贸易中心已经成了北欧的支柱。

在 16 世纪初期，虽然北欧仍然没有出现堪与威尼斯或热那亚相比拟的大都会区，但是已经涌现出了两个专门从事海上贸易的城市群。一个是参加了汉萨同盟的北德意志诸城市，另一个是荷兰的一些港口城市。后来，由于布鲁日港淤塞了，荷兰的安特卫普市逐渐占据了优势，发展成了 16 世纪北欧首屈一指的商业港口，直到它在一场改变命运的战争中遭到了严重破坏。到 16 世纪末期，从重要性看，离海岸只有几英里的阿姆斯特丹已经取代了安特卫普。

北欧的主要贸易品为产于寒带地区的耐寒谷物、食盐和腌鱼以及羊毛织物、毛皮、铁和木材。谷物贸易是一种经常性的交易，进口谷物的是西班牙、葡萄牙和荷兰已经实现工业化的地区，出口谷物的是法国和波罗的海沿岸地区。谷物贸易已经发展得非常充分了，足以保障遭受了短期饥荒的地区的供应。北欧贸易特别是谷物贸易扩张范围的一般情况，从通过波罗的海的船只的数量变化中就可以看得很清楚：从这个世纪初期的每年平均 1 300 艘，增加到了到这个世纪末的每年平均5 000 艘以上，而且由于在这期间船的平均载重量增加了，所以仅对船只数量进行比较，实际上低估了波罗的海地区的商业扩张。在这个世纪初期，北欧完全依赖于波罗的海提供的一种必不可少的食品——腌鱼，特别是腌鲱鱼。后来，由于荷兰在北海开发了一系列新的渔场，波罗的海贸易的重要性就相对下降了。

北欧贸易最重要的制成品是羊毛纺织品，因而最重要的制造业中心（除了意大利北部之外）位于法国北部、佛兰德斯、布拉班特（Brabant）、荷兰和英国东部。佛兰德斯无疑又是其中远超同侪的一个，在这个世纪的前 3/4 时期，安特卫普成了佛兰德斯的贸易中心。佛兰德斯的毛纺织业所需的羊毛主要是从西班牙和英国进口的。英国自己也大规模地把羊毛织物出口到安特卫普和波罗的海沿岸。不过它们主要是一些没有染过色的、未经整理的织物，还需要进口者进一步加工。

与此同时，大西洋沿岸地区也发展起了独立的贸易，并且逐渐兴旺起来，西班牙、英国、法国和荷兰，都从事着活跃的羊毛、织物、酒和食盐的交易。在这个世纪里，大西洋沿岸贸易逐渐将地中海的大贸易圈与波罗的海地区连接起来，最后将这三个"大圈"串成了一条巨大的贸易链。

在 16 世纪，欧洲和其他有人居住的地区之间已经建立起经常性的贸易往来，这是这个世纪的一项重大成就。在以往，海洋通常被视为鱼类的来源之地，而到了 16 世纪末，海洋已经成了国王们的"交通要道"。从里斯本到印度，或者，从塞维利亚到西印度群岛的航行，几乎已经成了"定期航线"。不过很显然，最重要的远洋贸易是西班牙与新大陆之间的贸易，它是这个世纪中叶在发现了世界上蕴藏量最丰富的银矿之后发展起来的。新大陆的财富不仅给西班牙提供了大量资金，而且溢出到了整个欧洲。

第四节

行文至此，我们已经可以将前面对 16 世纪人口、价格和商业所做的概述综合到一起，用来说明这个世纪主导的经济发展模式了。在西欧各地，绝对价格和相对价格的变动趋势、人口增长的趋势都是一样的，这个事实不仅简化了我们的任务，而且突出了人口增长的关键地位——无论是地理空间上的，还是时间维度上的。人口增长的结果是，在这个世纪初期就遇到了新增劳动收益递减的情况。由于人口仍然在继续增长，所以劳动工资相对于土地价格下降了。农业产品的价格相对于工业产品的价格之所以会上升，就是因为农业需要大规模地使用越来越贵的要素——土地。

在金融方面，所有价格都上涨了（既包括产品价格，也包括要素价格），部分归因于货币数量的增加——欧洲新开发了不少银矿，同时从新大陆进口了大量白银，所以新铸造的货币大幅度增加；部分归因于商业发展速度的加快。西班牙对进口新大陆的白银的垄断，也导致了国际贸易量的提高，因为进口的大量银块推高了西班牙当地的价格水平，使得在那里出售商品和服务变得非常有吸引力（在那里购买商品则相对没有吸引力）。西班牙大肆扩军，购买了大量武器和奢侈

品，然后向欧洲其他国家以他们囤积起来的、得自新大陆的
白银来结算。

这对国际贸易的刺激究竟有多大？很难加以准确估计。因
为随新大陆的财富而来的还有另一个（也许是更加重要的）因
素，那就是 16 世纪人口的普遍增长降低了利用市场配置资源
的成本。由于市场可用性的提高，一些新的辅助制度安排涌现
出来，它们在使得生产和交换实现了专业化的同时，还强化了
不同地区的比较优势。然后，在这片"沃土"之上，所有部门
的对外贸易都得到了蓬勃发展，其中受惠最多的是安特卫普和
伦敦这样一些发展迅速的都市型市场。不过与此同时，规模较
小的地方市场和地区性市场则由于无力与更有效率的竞争对手
相抗衡而步入衰落之途。

少数大市场的兴起可以用市场本身的性质来解释。在实现
交易的过程中，市场也生产出了信息——交易是以什么价格成
交的。由于这些价格信息是市场中的所有人都可以得到的，所
以任何人都可以决定是否以特定价格买入或售出。就单个市场
能够带来的所有明显的好处中，这种好处——作为生产率提高
的一个来源——可能是最重要的。在贸易扩张时期，市场越大
就越有效率，就是因为交易有规模经济的特点。因此，在各市
场之间为了争夺商人而展开的"内部竞争"中，处于中心位置
的城市地区的收益，是以那些位于较边缘地区的不太幸运的竞
争对手利益受损为代价获得的。

当我们把能够将农业部门和工业部门联系起来，然后将最

终消费者也联系起来的交易部门引入分析框架之后，我们对于16世纪消费者的福利状况所能给出的结论就变得复杂化了。显然，在收益递减条件下，人口增长的直接影响是降低经济的总体效率水平，导致人均收入普遍下降。但是，人口增长也可以对生产率的提高和人均收入的增长间接地产生积极的影响，因为人口增长能够使市场规模扩大，从而刺激了商业和贸易的发展。

交易部门效率提高，对产品的相对价格和贸易条件产生影响的方式与不断增长的人口完全相同。作为消费品的农业产品的价格相对于农业生产要素价格的下降幅度，要比作为消费品的工业产品的价格相对于工业生产要素价格的下降幅度小得多，因为作为消费品的工业产品的供给是完全弹性的。这样一来，市场上的贸易条件就变得对农业产品有利了。农业产品价格的相对提高，一方面可以归因于农业生产率的下降，从而降低了收入；另一方面又可以归因于农业产品交易效率的提高，这通常倾向于提高收入。社会福利则取决于在特定的时间或场合下起主导作用的到底是哪一种效应。

总而言之，16世纪的"资产负债表"表明，农业生产率在不断下降，制造业生产率保持不变，而市场交易部门的生产率则在不断提高。西欧的物质福利取决于市场效率的提高能不能抵消因收益递减导致的农业生产率的下降。从总体上看，结果并不乐观，收益递减最后占据了优势，于是西欧迈入了饱受"马尔萨斯紧箍咒"之苦的17世纪。饥荒、瘟疫再一次席卷了欧洲各国。

第五节

正如我们在前面讨论人口时已经看到的那样，在 17 世纪，这些灾难的影响是有"选择性"的，这与 14 世纪造成了普遍的严重后果的那些灾难不同。在某些地区，比如说，英国，相对来说没有受到太大损失，而在另一些地区，比如说，西班牙，则遭到了严重的损失。我们完全有理由认为，经济组织的效率在决定"马尔萨斯紧箍咒"的效力上面发挥着非常大的作用。14 世纪与 17 世纪之间之所以出现了如此大的差异，原因就在于：在 14 世纪时，西欧各个经济体的组织是整齐划一的，而在 17 世纪时，各新兴的民族国家的制度和财产权在此前的一两百年里已经经历了各不相同的演化道路。

在 16 世纪，西欧商业并不是在一个和平的、有序的自由贸易环境中发展起来的，而是在不断克服各种各样的障碍的过程中发展起来的——相互竞争的民族国家间的战争、敌意和猜忌，对商业发展造成了极大障碍。各个国家的领袖都坚信，只有通过牺牲其他国家的利益才能扩大本国的政治影响，他们还相信一个国家的经济也只有通过牺牲其他国家的利益才能扩展自己的商业。这种迷思的一个最好的例子是，葡萄牙人试图凭借武力改变香料贸易（不过并未得逞）。还有很多其他政治单位也都曾经试图通过或明或暗的方式调整内部和外部经济关系。也正是在这种为参与近代早期激烈国家竞争提供所需的财政收入的迫切需要中，诞生了一个后人所称的重商主义时代。

前一章所述的各个因素对我们理解这个重商主义时代都很关键。这些因素导致了各国千差万别的政策，进而又导致了17世纪截然不同的后果。因而对于这个世纪的经济事件，我们必须（至少在某种程度上）按国别进行考察，而不能继续用一个简单的人口模型去解释欧洲在经济方面发生的重大变化了。

到了17世纪初的时候，人口的变化只是影响经济增长的重要参数之一，我们现在知道的这些民族国家的出现及其性质，以及各国市场的范围和效率，都是共同决定因素，发挥着重要作用。西欧各国在处理相互关系时都抱着一种矛盾的心态，一方面，从彼此之间的贸易中获益的希望将它们拉近；另一方面，希望本国占据支配地位的愿望又使得它们分裂。

下面，我们就以这种带着张力的关系为背景，简要地考察一下17世纪时在荷兰、英国、法国和西班牙这四个欧洲主要的相互竞争的国家中价格发生了怎样的变化。我们特别感兴趣的是实际工资是如何变化的，同时也对如何确定是哪些因素支配了实际工资水平的变化感兴趣。虽然我们在这里给出的证据的质量要比前几个世纪高得多，但是仍然应该把我们的结论看作是尝试性的。

低地国家的北方七省在胜利地结束了长达80年（1568—1648年）的历尽艰辛的反抗西班牙统治的斗争之后，统一建立了荷兰共和国。事实上，在"抗西"斗争时期，荷兰就已经很繁荣了。在 16 世纪，荷兰的实际工资一直在下降，这与其他地区没有什么区别，进入 17 世纪之后，实际工资开始回升，并且在该世纪的后三个 25 年间差不多增长了 50%（见图 9 - 6a）。

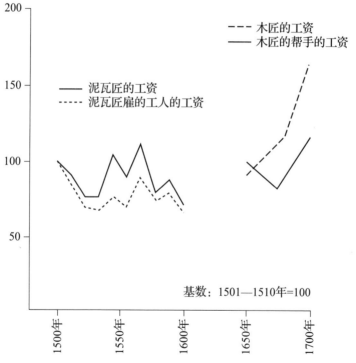

图 9 - 6a　1500—1700 年荷兰的实际工资指数

资料来源: H. van der Wee, The Growth of the Antwerp Market and the
European Economy（Martinus Nijhoff, 1963）, vol. I, p. 543; N.
W. Posthumus, Lakenhandel, vol. 2, pp. 217, 1014-1017.

如果有更好的工资数据，也许可以显示出实际工资的增长

速度其实比这还要惊人（特别是在 1600—1625 年间）。重要的
是，这种提高是在人口始终稳定增长的情况下实现的。在英国
也是如此，进入 17 世纪后，实际工资也从 16 世纪的最低点开
始回升了。英国的实际工资（见图 9 - 6b）在 1601—1610 年、
1711—1720 年这两个时期提高了 36.5%。在 17 世纪，实际人
均收入在人口增长的同时一直稳步提高。

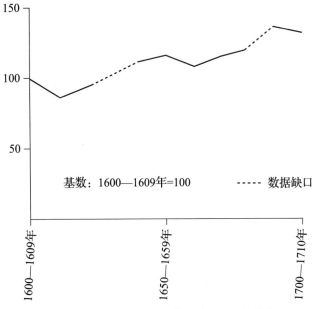

图 9 - 6b　1600—1700 年英国的实际工资指数

资料来源：Phelps-Brown and Hopkins, "Seven Centuries of the Prices of
Consumables, Compared with Builders' Wage-Rates", 296-314.

这也许是西欧历史上的第一次——荷兰和英国的经济发展
成功地使人均收入在人口持续增长的情况下得到了提高（尽管
农业部门一直面临收益递减带来的压力）。显然，生产率在某

些部门或所有部门都比人口增长得更快。我们将在第十章和第十一章对这个现象加以深入考察。

同样显而易见的是，法国没能像荷兰和英国这样获得成功。法国的实际工资指数从1551—1575年的44下降到了1576—1600年的34（见图9-6c），然后，在17世纪的第一个25年间回升到了42，但是在接下来的整个17世纪，一直在41的平均水平上下波动。因此，法国在这个世纪里未能使国民的福利状况得到显著改善，尽管人口水平并没有什么变化（甚至还可能出现了下降）。

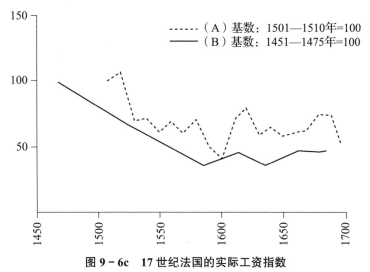

图9-6c　17世纪法国的实际工资指数

资料来源：（A）建筑工人的工资除以小麦价格，M. Baulant, "Le Salaire des Ouvriers du Batiment à Paris de 1400 à 1726", *Annales*, 26 annee no. 2, pp.463-81; and, "Le Prix des Grains à Paris de 1481 à 1788", *Annales*, 25 annee no. 3, pp. 520-40；（B）Phelps Brown and Hopkins. "Wage-Rates and Prices: Evidence for Population Pressure in the Sixteenth Century", pp. 281-306.

　　西班牙的情况比法国还要糟。它毫无疑问是一个失败者，因为国民的福利有了明显的损失。在西班牙，人口变动仍然一直支配着经济的表现：当灾害袭来时，人口减少，实际工资上升（见图 9 - 6d）；当人口再次增长时，实际工资就会下降。

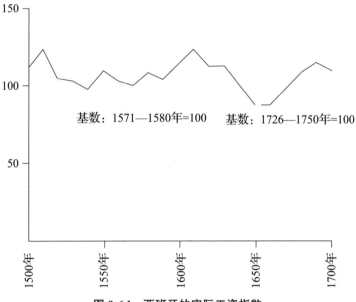

图 9-6d　西班牙的实际工资指数

注：1500—1650 年、1650—1700 年这两个序列并不是严格可比的，因为它们分别基于两个不同的基数。不过，我们认为可以像图中那样将它们准确地拼接起来。

资料来源：Earl J. Hamilton, *American Treasure and the Price Revolution in Spain, 1501-1650* (Octagon Books, 1965), p. 279; and *War and Prices in Spain, 1651-1800* (Harvard University Press, 1947), p. 2I5.

　　1589—1591 年、1629—1631 年、1650—1654 年以及 1694 年，灾害降临西班牙，导致实际工资上升。这实在是一个悲剧，只有在付出了如此惨重的代价下，停滞不前的西班牙经济才能使实际工资有所提升。因此，西班牙完全没有能力抗衡人口增长的效应。

因此，17 世纪的相关证据表明，西欧不同国家的经济增长模式之间存在着很大的差异。在荷兰和英国，有史以来第一次成功地在人口持续增长的情况下提高了民众的生活水平。其他国家则仍然遵循着我们现在已经很熟悉的模式，即经济福利和人口增长相背而行。在接下来的几章中，我们将考察在争取实现长期持续增长的竞争中，胜负双方分别显示出来的各种特征。

第十章

法国和西班牙——竞争失败的国家

我们已经看到了，无论是法国还是西班牙，尽管它们的宫殿富丽堂皇，（君主）一直抱着建成伟大帝国的勃勃雄心，但是经济增长都不能跟上荷兰和英国的步伐。这两个君主专制国家，沉湎于争夺政治主导地位的斗争无法自拔，未能创建一套能够提高经济效率的财产权，结果它们的经济陷入了停滞。

第一节

要考察法国的政治史，我们必须先回到几个世纪之前。在百年战争那个阴郁的时期，法国不仅遭到占领了法国部分地区的英国军队的侵夺、雇佣兵团伙的四处劫掠，而且自身陷入了大贵族们永无休止的争权夺利的泥淖当中。一直要等到查理六世同意接受英国国王为其继承人并于 1422 年去世之后，法国才真正算得上是一个国家，不过直到那时仍然只是一个有名无实的国家。作为英国国王的竞争对手，法国王储查理，在英国人和勃艮第人控制的领土（这部分领土就是我们今天所说的法国）之外的阿马尼亚克（Armagnac）贵族中拥有许多支持他继承王位的拥护者。他面临的任务非常艰巨——要从英国人和勃艮第人手中收复一半以上他宣布属于他的王国的土地。这项任务要求他采取一系列代价极高的、几乎是铤而走险的"权宜之计"。在查理登上法国国王之位后的前几年，他发现不得不经常吁请三级会议（Estates General）合作以采取一些必需的财政措施。尽管从 1383 年开始，法国国王可以不经三级会议同意自行征收盐税（Gabelle），但是对于像人头税、销售税和强制性贷款等新增的财政收入来源，由于国王意识到税负过重会把臣民驱赶到敌对阵营中，因此只是间歇地要求开征。法国国王的烦恼远不止这些，因为最终实际提供资金的是地区性和地方性的议会，所以查理七世在获得了国民议会的授权后，还不得不直接去与它们打交道。

在法国，有许多个相互敌对的统治者，他们为得到民众的支持而展开了直接竞争。贝德福德公爵（duke of Bedford，他控制着英国占领的那部分法国领土）、勃艮第公爵"无畏约翰"（John the Fearless），都像查理一样，在征税时会受到自己的对手所采取的措施的制约。1418 年，"无畏约翰"在他控制的那部分法国领土上宣布不征收销售税时，瓦卢瓦之王（Valois king）查理为了争取臣民效忠，也不得不在他控制的那部分法国领土上做出同样的"慷慨"之举。

这场权力斗争的转折点似乎出现在 1428 年。那一年，英军对奥尔良发动了攻击。在这生死存亡之际，查理在舍农（Chenon）召集议会开会，要求增加 50 万图尔利弗尔的军费。巨大的财政支持，再加上圣女贞德戏剧性地登场并率领法军取得了奥尔良解围之战的胜利，使得王储查理顺利地在兰斯加冕，此后形势开始向有利于法国国王的方向转化。相比之下，英国人和勃艮第人在法国不如查理七世强大。查理七世的权力在获得了以货币形式征收的定期税收后得到了强化，但是对他的权威的挑战仍然存在。即便是在 1435 年与勃艮第人缔结和约之后，查理七世的运气在与英国人的战争中变得越来越好，他也仍然面临着许多重大的挑战：失业士兵和雇佣兵掠夺团伙带来的问题越来越严重了。但是查理七世的厉害之处就在于，他在成功地剪除了其他势均力敌的王位竞争者的同时，还向臣民征集到了可观的钱款，从而保护了广大乡村地区免受武装匪帮的侵袭劫掠。没有哪个与他竞争的国家或幸存的贵族能够完成这个任务。于是，查理七世就赢得了在法国提供保护的排他性的垄断权。到了 15 世纪 30 年代，法国国王开始将销售税（Aides）像盐税一样视为属于他的特权，一种无须经国民议会同意就可以征收的税。1439 年，议会在奥尔良（后来的事实证明，那是最后一届批准征税的国民议会）批准了人头税。虽然查理七世一直到 1451 年还要吁请地方议会提供资金，但是国王对征税权的控制事实上在 1439 年之后便实现了。三级会议在为查理七世提供资金维持一支可以保卫边境和消除内乱的军队的过程中，拱手让出了对征税权的控制。

也正是这个收复法国的过程中，查理进行了一系列军事改革，他创建了一支职业军队，其主要建制是由 20 个重骑兵连组成的常设兵团。这支常备军的主要优点在于：有了它，国王就再也不需要依赖那些不值得信任的雇佣兵了。查理对这种新型军队的支持不遗余力。他为军队购置了大炮，聘请了许多精通炮术的专家，将它的规模扩大到了前所未有的程度。结果是，法国军队对英国军队屡战屡败的局面彻底扭转了过来，法国最终赢得了百年战争的胜利。到了 1453 年，英国人已经几乎完全被驱逐出了法国本土。

尽管法国王权逐渐占据了支配地位，但法国各地在某种程度上仍然是互相隔绝的，地方的和省级的三级会议仍然一直在召开会议，并拥有地方征税权。一直要到下一个世纪，当宗教战争爆发时，仍然有人在试图恢复三级会议在昔日的作用，尽管这种努力遭到了失败。1576—1577 年在布卢瓦（Blois）召开的那次三级会议，也许是以和平方式扭转走向王室绝对控制的趋势的最后机会。

16 世纪末，法国爆发了宗教战争，结果各省又重新陷入了无政府状态。胡格诺派教徒（Huguenots）势力强大的时候，可能会占据整个省，并取走王室的收入，从而对国王构成了很大威胁。不过法国王室最终取得了胜利。这场战争再次证明了和平对法国的可贵。当战争结束后，王权被视为和平的保护者，因此也就对税收体系拥有了无可争议的支配权。

我们用了不少篇幅来叙述查理七世时代，这是因为法国王室对财政权力的绝对控制正是在这个时期逐步实现的。后来，在路易十一统治时期，法国不仅在实际上消除了内部竞争者，而且加强了与外部对手的竞争，其结果是导致了税收的极大幅度的增长（在路易十一统治期间，几乎增长了四倍）。税收收入在路易十二统治时期也许有所下降，但是在 16 世纪初弗朗西斯一世统治时期又再一次增加了。在文艺复兴时期，人头税按当期价格计算从 120 万图尔利弗尔增长到了 1 100 万图尔利弗尔（或者，按实际价值计算，增长了 2 ~ 3 倍）。

伴随着王室征税权力的膨胀，王室财政政策的另一个方面也对财产权结构产生了重要影响，这就是在不断扩张的官僚体制下出售官职。出售官职的直接后果是增加了王室收入，到弗朗西斯一世统治时期，这已经成了法国财政制度的一个重要组成部分。不仅大小官职（包括法官）都可以出售，而且许多没有实际职责的官衔也用来出售，购买这种官衔的人最多只不过得到了一个称号而已。但是，值得注意的是，只要拥有了这种称号，就可以免缴人头税、销售税和盐税了。因此，对于拥有者来说，一个官职即便不考虑它能提供的收入，也是有相当可观的价值的。

法国文艺复兴时期的财政制度一直沿用到了 17 世纪，并在"旧制度"（Ancien Régime）下得到了进一步充实和细化，而且实现了法典化（也许因此也就"僵化"了）。黎塞留（Richelieu）和科尔贝（Colbert）都未能改变这个基本的财政结构，相反，他们以它为基础，构建了一个更加复杂的大厦，对法国的财产权做了细密的规定。理解法国"旧制度"下的财产权结构的关键在于：充分认识到王室对税收的控制的绝对性，同时庞大的官僚队伍则完全仰王室的鼻息。

第二节

法国王室的财政政策或有意、或无意地采用了几乎一切可以想得到的手段去阻挠广泛的市场的扩展，因而也就放弃了本来可以通过市场得到的收益。法国的各个地区，被法国特有的"国内关税体系"（internal tariffs）人为地隔离开来。市场区域通常无法延伸到少数大城市和某些港口的近郊以外。我们完全可以把"旧制度"下的法国看作由三十多个孤立的市场区域组成的。只有巴黎这个市场区域需要依靠广大的内地，法国其他市场区域都是从毗邻的地区获得供给的。

但是，法国也并不是完全没有都市区的。巴黎毕竟是整个欧洲举足轻重的城市之一。我们可以把鲁昂看作巴黎的港口，它也许是整个法兰西王国的第二大城市。其他重要的城市还有里昂、马赛，相对次要一些的城市有图尔、布卢瓦和奥尔良。其中，里昂特别值得一提，因为它是重要的国际金融和商业交易中心之一，尤其是它被视为法国对外资金交易的中心。

虽然法国也在从事对外贸易，它出口酒、谷物和织物等产品，但是出口在它的经济中的地位并不重要。很有可能，法国出产的 90% 的酒都是在法国国内消费掉的。这部分是因为法国的国内政策所致，部分是因为法国幅员辽阔，内部资源禀赋差异大。法国经济似乎接近于完全自给自足。

即便是在有限的地区性市场之内，市场的扩大也面临着重重障碍。垄断、行会，乃至出售某些种类农业产品的权利都被视为特权。由于这类权利对拥有者是有价值的，因此也就成了政府财政收入的一个丰富的来源。国家的方针显然是把法国的市场规模控制在一个易于管理的"合理"范围之内。

第三节

封建领地瓦解的趋势是从 12 世纪开始形成的，进入近代初期时，大部分贵族都已经不再直接控制土地了。法国贵族主要以固定租金和特权形式依靠从他们的农民那里收取的捐税为生。法国在这整个时期一直是一个"农民国家"，乡村的地产由众多农民和大批小贵族分别占有。这些小贵族自行耕种一部分土地，其余土地出租收取固定的地租。这个时期的君主制支持农民对土地保有权的继承，实际上向佃户授予了只需交纳固定地租就可以占有土地的合法财产权。

农业生产中所用的技术仍然基本上是中世纪的，即土地分成若干独立的条块，实行二圃制或三圃制的耕种制度。小麦和黑麦是法国的主要作物，在气候允许的地方，也栽种葡萄。在法国几乎每个地区都出产酒。大多数的酒的质量很低。酒在当地生产而不从最好的产酒区输入，这个事实本身就充分证明了法国国内市场的有限性。

16 世纪的人口增长导致了严重的收益递减，结果是，在使劳动的价值下降的同时，提高了土地的价值。16 世纪的通货膨胀是对佃户有利的，因为极大地降低了贵族收到的固定地租的价值。于是贵族就极力试图恢复作为领主的传统权利和职责，并在一定程度上取得了成功。农民本来可以成为通货膨胀的主要受益者，但是在这个世纪行将结束时遭到了宗教战争的蹂躏。实际工资的下降也减少了劳动者通过价格体系获得的好处。特别以工资为生的工人阶级成员，陷入了极为贫困的境地。

农民还要承担人头税、盐税和销售税。正如我们已经看到的，这些都不是习惯法上的义务，而是王权随意强加的。因而，在这种税收制度下，要有一支庞大的官僚队伍才能征收到税款，当然，到最后，这些遍布全国各地的官员也都是靠农民来供养的。法国的君主制，用官僚阶层取代了领主，管理地方司法事务。

除了诺曼底之外，在法国没有发生过大规模的圈地运动。有限的市场只能提供有限的激励，对当时那个机构臃肿、官僚冗杂的合法制度进行改革的成本，超过了任何单个地主或自愿团体所能得到的收益。社会的收益当然会大得多，但是并不存在能够让这个收益来源变成现实的机制。不过，某些地方确实在一定程度上发生了圈地运动，遗留下来的公地和荒地被圈占了，但是小面积的"条地"仍然成功地抵制了种种圈地企图。因此在近代初期，法国在更有效地重新组织可耕地方面没有取得什么进展。

在 16 世纪，"分成制"（metayage）作为一种组织农业生产的方式，得到了越来越多的使用。分成制很早以前就在葡萄种植地区中采用了，但是直到 1500 年以后才开始在法国其他农业地区推广开来，最后普及到了全国。地主收取一部分作物作为租金，佃户留下其余的部分。地主得到的那部分占产量的比例通常为 1/4 到一半。尽管分成制在法国各地都出现了，但是在相关文献中，在比较贫穷的那些地区更加突出。传统上，许多学者都把这些地区的贫穷归咎于分成制。近年来的理论研究证明这种观点是不正确的。分成制的有效性与其他农业契约形式（如固定地租契约）并无二致。

传统观点是，分成制之所以被认为无效率，是因为产出要拿出来分享。地主提供土地，佃户提供劳动；土地数量是固定的，而佃户则愿意提供多少劳动就可以提供多少劳动。他提供的劳动越多，产出就越高，但是有一部分产出是属于地主的。这样一来，就与需要交纳税收时一样，农民的劳动所得就少于他所生产出来的价值，这也相当于闲暇的价值相对提高了，因此，农民所愿意投入的劳动的数量相对来说就太少了，从而导致土地的最大经济价值无法实现。由于分成制地租的这种性质，佃户努力劳动或对土地进行投资的激励就减弱了。传统观点通常还认为，同样是因为缺乏这种激励，影响了投入土地的资本量。

但是，这种观点忽略了以下事实，在租约中，地主可以对必须投入到土地上的劳动和资本的数量做出规定。如果佃户不履行协议，那么地主就可以收回土地。在分成制得到广泛应用之前，土地财产权就已经有了保障，这是一个重要的发展。事实上，分成制的广泛应用本身，就要求对土地的财产权利是有保障的。土地所有者必须是人所共知的，他对土地的财产权也是大家公认的。在法国，这个条件是与民族国家的确立一起成熟的。

由于投入到土地上的资本和劳动的数量和分摊方式都是可以谈判的，同时契约也是可执行的，所以分成制的效率与任何其他制度一样高。例如，地主既可以要求农民加大对土地投资同时减少自己收取的分成比例，也可以自己增加对土地的投资同时提高收取的分成比例，这都无关紧要。只要有利可图，投资就会进行。地主收取的分成比例不可以高到导致佃户可以在别的地方获得比这里更多的收益的程度，那样的话，地主的土地就会没有农民愿意来耕种。无论是采用分成制，还是采用固定地租制，农民都只能恰好获得自己的劳动的市场价值，同时地主则恰好获得租金价值。分成制不是法国陷入贫穷的罪魁祸首。我们必须到别的地方去寻找可能的解释。

已有的税收政策也对法国整个近代初期的土地分配产生了

重要影响。贵族和官员是不用交纳土地税或财产税的，因此
土地对这些人的价值比对不享有这种特权的人更大。这是法
国土地交易、出售和交换的基本背景，其结果是，出现了一
些拥有大量土地的"大地主"（large land holdings）。学界常说
的"大地产的复兴"（rehabilitation of the large estate）就可以
用这一点来解释（尽管法国历史学家对这个过程有所夸大）。
但是，认为近代初期的法国是一个"大地产之国"其实是一
种误解，恰恰相反，在法国，只占有少量土地的自耕农才最
为典型。

　　近代初期法国农业之所以陷入困境，一方面是因为收益递
减，另一方面是法国的制度环境阻碍了有效的调整和技术创
新。导致全国市场无法发展起来的种种限制，是近代初期法国
农业部门在很大程度上保留了中世纪的特征的主要原因。

　　除了农业的衰败之外，法国对工业的控制的历史也是学界
经常提到的。一个庞大且仍在不断膨胀的、忠于王室的官僚队
伍是这个控制系统的重要组成部分，另一个组成部分则是行
会。行会的势力持续增强，逐渐演变成了政府实施控制的主要
代理机构。1581 年敕令（由亨利三世发布）、1597 年敕令（由
亨利四世发布）和 1673 年敕令（由路易十四发布，但实际上
出自科尔贝之手），确立了王室通过行会控制工业的基本指导
方针，不过，前两项敕令的实施不如最后一项敕令有效。最
后一项敕令使得科尔贝能够将行会体系置于自己的控制之下。
"简而言之，这个计划的目标是，使行会成为适用于一切贸易

结构的普遍模式，不仅适用于城市，也适用于集镇，甚至乡村。"① 这样一来，由行会和产业官员组成的双重管理机器，构成了对制造业和商业的几乎所有方面实施巨细无遗的控制的支柱。前者还得到了法院的支持，甚至当它们的"中世纪式"的、限制性的管制措施偶尔遭到了政府督查人员的反对时，法院也对行会予以支持。行会是法国产业组织的基础。

国家控制已经达到了对一个行业的生产过程的每一个细节都要加以干涉的程度。以对织物的染色为例，有关的管制条例多达 317 个。这些条例都是在与行会官员协商后制定的，通常反映了中世纪的生产技术。这个由行会官员来控制和督查的制度极其烦琐——在科尔贝当政时期，最普通的织物也至少需要经过六道检验程序。

当然，国家的基本目标是增加财政收入。实际上，国家允许行会长期存在并赋予其特权，就是为了得到收入。是的，行会向王权购买到了它们的垄断权。这是王室的一项价值非常可观的特权。1597 年，当时国王资金捉襟见肘，以至于无法按时支付听命于他的瑞士卫队的军饷，于是作为一个补救措施，国王任命瑞士卫队首领主持出售行会会长的特权。垄断权或其他特权的价格也是可以改变的，特别是在国家遇到了紧急状况时。例如，1673 年科尔贝发布的敕令就是很明显地将巨额当期支出与一个新的"收费表"对应起来。1691 年，王室对行

---

① Eli Heckscher, Mercantilism, rev.ed. edited by E. F. Soderlund（Allen and Unwin, 1955）. vol. I, p. 145.

会会长征收了各种特别费。

法国在确定"知识产权"方面也可谓挖空心思。王室在不同时期将排他性权利转让给投资者，其中有一些无疑是生产性的，但是国王的顾问们通常更关注的是艺术品和奢侈品，而不是那些可以提高与民生更加相关的行业的效率的发明，而且，无论如何，新发明都不得与当前已授予的特权相冲突。如果新发明威胁到了当前的垄断权，王室就无法在违反以前的授权的情况下授予新的专有权。同时，投资者获得的授权通常只适用于非常有限的市场区域而不适用于整个法国。在当时的法国，由于存在上述障碍，发明实际上是得不到鼓励的。

法国产业制度对经济效率造成的后果可以总结如下：（1）劳动力的流动在法国各地、各行业都受到了限制，其结果是，新来者要进入一个行业，即便不是不可能的，也至少是困难重重的；（2）资本的流动性也同样受到了限制；（3）关于生产流程的条例极其烦琐，它们不允许对惯例有任何的偏离，结果使所有地方的创新都受到了抑制或直接被禁止；（4）在许多情况下，物价也被固定死了，例如，1571年的敕令将各种织物的价格都固定下来了。

除了行会控制加王室检查制度抑制了经济的增长，王室资助和补贴的产业也严重阻碍了法国经济的增长。尽管在王室的资助下，艺术和奢侈品行业成了法国最负盛名的行业，但是如果没有了王室的补贴，它们几乎完全无法生存下去。简而言之，王室的特殊优惠通常只是庇佑了一些没有效率的行业。我们就王室资助的产业得出的结论，也同样适用于那些从事对外贸易的公司。

第四节

法国经济之所以无法实现长期的、稳定的经济增长，是因为法国没有发展出一个有效的财产权体系。除了资本市场之外，要素市场已经向前发展了。土地财产权已经确立并受到了保护。土地已经变成可转让的，同时劳动力也已经免除了各种农奴性质的义务。但是产品市场因国家政策的阻碍，仍然一直像中世纪后期一样不完善。行会、垄断和对地方市场的保护延续了下来。因此，法国经济失去了本来可以从交易部门获得的收益。

第五节

法国与西班牙在政治发展上的相似性惊人。我们看到，无论是在法国，还是在西班牙，代议机构都为了得到稳定和秩序而放弃了对征税的有效控制。在这两个国家中，王权逐渐获得了一定程度的垄断权力，因此能单方面地改变税收结构和规定应交款项。此外，还有其他一些地方也很相似。在这两个国家，政治上的统一都用了很长时间才完成，而且统一后国内有的地区还顽强地保留了一定程度的地方自治（因此在这些地区，王室拥有的垄断权力要小得多）。这两个国家都经历了叛乱，贸易的发展也都遇到了来自内部的阻碍。正如我们在第七章提到过的，加泰罗尼亚一直没有与西班牙（卡斯蒂利亚王国）经济融合为一个整体，而且在经济上也受到区别对待。17世纪，加泰罗尼亚实际上发生过一场革命。低地国家在近代初期也奋起反抗哈布斯堡王朝（Habsburgs）的统治。革命是改变政府的途径，也是对专制主义的抑制。革命随时有可能发生，这就为专制权力设定了一条界线。

　　这两个国家的资源禀赋有所不同，税收来源的差异则更加显著，这个事实为它们大相径庭的经济发展模式提供了重要解释。在法国，由于缺乏显而易见的税基，所以就必须创造出一个适合直接征税需要的官僚体系，这意味着很高的初始交易成本；但是，官僚体系一旦形成，税收收入就可以大幅增加，同时成本在王权所享有的垄断权力的限度内却不会增加多少。这个模式与西班牙征收销售税（alcabala）的模式有某些相似之处，但是与法国不同，西班牙王室的三大财政收入来源——"羊主团"缴纳的税金、低地国家和其他领地交纳的各种款项、来自新大陆的财富——当中，有两个来源都是外部的，这一点决定了西班牙的命运。这些外部来源可以提供容易得到的且不断增长的财政收入，这个事实不仅可以解释查理五世和腓力二世统治下西班牙政治权力崛起和哈布斯堡王朝的强大，而且可以解释西班牙政治权力的衰落——在腓力二世统治下，这种趋势就已经相当明显了，然后，在腓力三世和腓力四世统治时期，由于那些外部收入来源消失了，情况更是急转直下。西班牙帝国的兴衰完全依赖于源于西班牙之外的收入，因这种收入充裕而兴，因这种收入消失而衰。

对于西班牙的历史，我们可以从本书第七章暂时收笔的那个时期开始讲述。"在1476年前后，在西班牙的大部分地区，没有任何一个人能够说'这是我的''那是你的'，因为一场战斗中的运气、君主的一时好恶，甚至立场的改变，都可能使一个人的财产遭到没收并被转移给他人。西班牙当时是一个处于普遍混乱状态的国家。费迪南德和伊莎贝拉重建了和平、稳定了财产权。"[1] 正如同我在前面指出过的，国内和平和财产安全的代价是，议会丧失了征税自由，转而授予王室规定税收的独占权力。

在哈布斯堡王朝以前，"羊主团"交纳的钱款（我们在前面讨论过）构成了西班牙王权的财政基础。但是，使我们迷惑不解的是，费迪南德和伊莎贝拉为什么没能让西班牙走上农业长期繁荣的道路。如果他们剥夺了"羊主团"的垄断特权并鼓励发展对可耕地的财产权，那么这一点本来是可以实现的。对于这个问题，比韦斯（Vives）给出了最简明的答案。

君主们没有耐心等到农业发展结出硕果，而是选择了一条更容易走的路，即追随自己的先辈，对像羊这样有形的、容易收税的东西征收税款。这也就将我们带到了他们的第二

---

[1] Vicens Vives, *Economic History of Spain*, p. 294.

个动机上来，因为 1484 年以后，王室正经历着空前的财政危机。由于宗教裁判所的迫害不断扩大化，先是异见分子逃亡国外，然后犹太人也于 1492 年被驱逐出境，大量资金随之而去。王室必须尽快找到新的财源来救急，而且，再没有什么比用来出口的羊毛更唾手可得了。因此王室决定对"羊主团"加以保护，也因此只有在费迪南德和伊莎贝拉统治时期之后，我们才可以说"对牧羊人的利用和保护是这些王国的主要收入来源"。[1]

查理五世于 1516 年登上了王位，那是西班牙极盛时代到来的标志，西班牙在欧洲大部分地区称霸的日子开始了。这个时代至少最初是繁荣的，国家的财政来源也有了巨大的增长。"羊主团"反而变成了相对来说不那么重要的收入来源。销售税仍然是卡斯蒂利亚王国财政收入的一个重要来源，同时来自阿拉贡、那不勒斯和米兰等地的财政收入也相当可观。但是，最重要的是来自低地国家的财政收入，它足以令其他一切来源的收入相形见绌，在有些年份，这个来源的财政收入比任何其他单个来源的财政收入多十倍以上，包括来自西印度群岛的收入。[2]

---

① Vicens Vives, Economic History of Spain, p. 304.

② 同上，p. 382. 该书第 382 页列出的各项财政收入如下：销售税 267 000 达克特、阿拉贡 20 万达克特、那不勒斯 29 万达克特、米兰 30 万达克特、低地国家 400 万达克特、西印度群岛 35 万～40 万达克特，总数为 5 407 300～5 457 000 达克特。这些都是 16 世纪的数字，但是没有给出具体日期。

　　然而，维持和扩张西班牙帝国所需的支出还是超出了收入，结果查理五世不得不越来越多地在危机来临时借助贷款。这些贷款（asientos）都是用国家的财政收入作担保的。到 1562 年，仅仅是为以前的贷款支付的利息就高达 143 万达克特（ducats），占当年预算的 1/4 以上。渐渐地，面对庞大的贷款，这个国家不得不越来越频繁地乞灵于一些"单边措施"：延长付款期限、降低利率、提高黄金价格，甚至于 1557 年宣布自己破产。破产逃债这个法宝，后来又相继于 1575 年、1576 年、1607 年、1627 年和 1647 年被祭了出来。

　　支出的不断增长是不难解释的。哈布斯堡王朝对欧洲大部分地区的霸权意味着经常要卷入战争，同时还必须维持一支全欧洲规模最大（最训练有素）的陆军，也意味着必须建立强大海军，还意味着要镇压周期性出现的反叛。所有这些，都需要大额支出。

　　查理五世和腓力二世为了维持他们费尽心机建造起来的这个"纸牌屋"（庞大而脆弱的帝国），每一年花掉的钱都比前一年多，结果支出不断超过收入。随着来自低地国家的收入因当地人民发动起义而急剧减少——到最后，北方七省成功地获得了独立——西班牙王室不得不加大对各种传统收入来源的压榨力度。在 16 世纪最后 1/3 的时间里，按实际价值计算，销售税（alcabala）和附加税（millones，一种在若干税种上加征的税）都急剧上升了。新大陆的财富归王室所有，但是到了 16

世纪末，这最后一个外部收入来源提供的收入开始趋于平稳不再增加，而且从 17 世纪 30 年代开始更是急剧减少，于是王室不得不越来越频繁地求助于一些饮鸩止渴式的权宜之计。其中一个应急手段是用铜币替代银币，但是造成了严重的后果，对此埃利奥特（Elliott）简洁地描述道：

对于卡斯蒂利亚货币购买力的灾难性下降，奥利瓦雷斯（Olivares）试图加以补救，为此，他提高了卡斯蒂利亚的税负水平，同时还发明了一系列巧妙的财政手段，希望从特权阶层和免税阶层手中榨出一些钱款来。他在许多方面都非常成功。卡斯蒂利亚的贵族经常要被处以罚金，以至于贵族头衔不仅不再是免税的标记，反而成了一种"积极义务"。1638 年，前来赴任的威尼斯大使向奥利瓦雷斯报告称，如果战争一直继续下去，那么任何人都不要再想还能不能拥有自己的钱了，因为一切都将归国王所有。尽管这个财政政策被用于对付卡斯蒂利亚的贵族时只引发了一阵无力的表示反对的抱怨，但是当它也被用来对付卡斯蒂利亚的商人团体时，结果便变成了一种自我挫败的政策。事实证明，连续任意没收从美洲寄给塞维利亚商人的白银款项——对这些商人的所谓"补偿"是，授予他们没有什么价值的"公债"（juros）——对该城的商业活动的打击是毁灭性的。奥利瓦雷斯统治期间，西班牙本国商业团体最终变得与国王离心离德，因为"王室需要"摧毁了本国的商业。塞维利亚精巧的信用体系的瓦解，以及 1639—1641 年间塞维利亚与新大陆之间的贸易体系的崩溃，是奥利瓦雷斯不得不为他傲慢地对待西班牙商人的行径付出的代价。[①]

对于西班牙王室的财政政策对有效率财产权造成的后果，我们下面简要地总结一下。在农业方面，各种偏袒"羊主团"的法令严重地阻碍了有效率的土地财产权的发展。例如，1480年的王室命令要求清除农民在公有地上圈占土地时设立的围栏，1489年的王室命令则对格拉纳达牧羊场的界线进行了重新划定（使之扩大了），1491年的王室敕令禁止在格拉纳达圈地。至于1501年的土地租佃法，则在实际上允许羊主到任何地方放牧羊群（只要羊群以前曾经占用过那个地方几个月），并允许羊主永远按最初的水平支付租金，而且，如果放牧羊群时不为土地主人所知，就可以不用交租金。然后，1539年，王室决定对小麦实行最高限价，这进一步削弱了耕作农业的发展动力。在价格一直处于通货膨胀的这个世纪里，固定土地租金和对小麦实行最高限价的后果是可想而知的——那就是乡村人口锐减，各地频繁发生饥荒。因此，人们几乎没有任何激励去从事农业耕作，至于对农业进行改良的激励，就更加不用说了。事实上，17世纪初期，将摩尔人（Moriscos）驱逐出境，已经使西班牙损失了一群精通农业灌溉的人。西班牙的农业组织仍停留在以往的水平上。

---

① J. H. Elliott, "The Decline of Spain", Past and Present, 20（November 1961）, p. 71.

不过，西班牙衰落和停滞的悲剧并不能简单地用剥夺少数群体的财产来解释（先是在 1492 年剥夺了犹太人的财产，然后又剥夺了摩尔人的财产）。正如上面的引文所阐明的，这些事件不过是全部的财产权都没有保障的征兆而已。随着王室财政困难的加剧，侵占、没收或是单方面改变契约，逐渐变成了屡见不鲜的事情，最终影响了从事商业、工业以及农业的所有群体。结果是，人们被迫放弃从事生产性的活动。当财产权得不到保障时，经济停滞就是不可避免的结果。对此，埃利奥特做了简要的概括："西班牙的经济制度的性质决定了，一个人不是去当学者，就是去当僧侣，不是去当乞丐，就是去当官僚。除了这些之外，没有其他可以选择。"[①]

西班牙的衰落引起了学者们的广泛注意。在某种意义上，学者们对此的关注或许是没有必要的。确实，西班牙试图统治西方社会，并试图依靠外部收入来达到这个目标，但是最后遭到了失败。西班牙本土在极盛时也只提供了整个帝国的收入的 10% 左右，而且西班牙的经济在它争夺欧洲政治主导权的整个时期里一直是中世纪式的。在它能够实施政治统治的地方，如西班牙统治下的尼德兰地区，经济就会萎缩和衰落。一个国家如果未能发展出一种有效的经济组织，会有什么后果和影响？在我们试图回答这个问题时，西班牙提供了一个极好的例子。

---

① J. H. Elliott，"The Decline of Spain"，Past and Present, 20（November 1961），p. 87. 关于"羊主团"，一项权威研究是朱利叶·克莱因（Julius Klein）所著的《羊主团》（The Mesta）（哈佛大学出版社，1920 年），特别见其中第 322 页关于"占有"的法律的讨论。

第十一章

荷兰及其成功的经济增长

荷兰，特别是北方七省，是西欧第一个挣脱了"马尔萨斯紧箍咒"的地区。正如我们已经看到的，荷兰在 17 世纪实现了人均收入的持续增长，与此同时人口也在不断增长。

正是在这个地区，国家利益与社会先进部门利益非常幸运地结合起来。从中世纪以来，低地国家一直是整个西欧天然的货物集散地，而且在整个 17 世纪一直充当了这个角色，实际上拥有对欧洲运输和国际商业的垄断地位。由于优越的地理位置、领先的商业技术以及邻国过于落后，这种优势地位直到 18 世纪的第一个 25 年一直没有被撼动过。

第一节

荷兰的成功之所以特别有意义，是因为它只是一个资源相对有限的小国。荷兰不是依靠自然的慷慨馈赠而获得成功的，它是通过发展出了比竞争对手更有效率的经济组织来实现经济增长的，而且在这样做的过程中在经济上和政治上获得了与自已这个小国家的规模不相称的重要性。

亨利·皮雷纳（Henri Pirenne）早就明确地指出过，勃艮第人的国家确实是一个惊人的政治现象，它将这个地区彼此猜忌、相互戒备的不同城市和集镇融合成了一个整体。[①]从 14 世纪末到 16 世纪中叶，勃艮第的四个公爵（在哈布斯堡家族继承之后还有查理五世）在该地区成长为北欧的商业领袖的过程中发挥了重要作用。从总体上看，这几位统治者的经济利益都在于倡导国际贸易，减少行会的排外和垄断，防止地方行会将各种限制性的惯例强加于国内工业之上。这些政策也恰恰是有利于有效的经济组织形成的政策。勃艮第公爵们遭到了布鲁日和根特等享受着原来的特权的城镇的反对，但是赢得了更多新涌现出来的工业和商业中心的有力支持。这些中心就是因为它们的效率更高而在国际竞争中变得繁荣起来。它们的相对效率之所以更高，一是因为它们处于有利的地理位置；二是因为它们取消了各种限制性惯例，并热诚欢迎来自德国南部和北意大利各城市的商人和金融家。进入 16 世纪之后，安特卫普崛起并发展成了在贸易和金融方面拥有前所未有的重要地位的中心，这不仅仅是它所奉行的自由贸易政策的结果（这种政策引来了织物贸易并使安特卫普成了葡萄牙香料的集散地和国际金融的重要中心），也是因为勃艮第公爵对当地发展起来的制度的大

[①] See Henri Pirenne, " The Formation and Constitution of the Burgundian State", *American Historical Review*, 14, pp. 477-502.

力支持。

　　与安特卫普的发展壮大相同步的是织物制造业在乡村地区相对自由的发展。与城镇中的织物制造业不同，乡村地区的织物制造业取得了惊人的进步。在整个中世纪时期，由于各个城镇中时刻小心戒备着的特权者（行会）的严防死守，织物制造业已经沦落到了朝不保夕的凄惨境地，直到勃艮第统治时期才开始在各个乡村地区扩展开来，这个过程中遇到了非常多的困难，还不断遭到抱怨。然后忽然之间，到 16 世纪的前 30 年结束时，它就已经变得非常繁荣了。其结果是，一种根本不同于过时的行会组织的全新的工业制度发展起来了，虽然新旧两种制度仍然并存着。这种新制度是与新经济秩序相适应的，而行会制度则是与新经济秩序不相容的。由于摆脱了市政条例对工匠们的种种束缚，新制度适应了资本主义企业的一切要求。在新的条件下，对产量是没有限制的，也没有什么组织来将工匠们联合起来对付雇主、干预工资率、规定学徒条件和限制工作时数，等等。最重要的是，再也没有什么特权可以规定只有"本自治城市市民"才能从事这个行业而将"外国人"排除在外了。因为所有新"市民"都早就"归化"了。在这里，所有人都确信，只要自己身体条件许可，只要自己懂得如何织布，就必定能够被雇用。①

---

　　① Henri Pirenne, *Early Democracy in the Low Countries* (W. W. Norton, 1963), pp. 206-207. 同样的发展也在列日、那慕尔和埃诺等省的煤铁工业中出现过。

乡村地区在提高农业效率方面也取得了很大的进展。这一点我们留待下文详细讨论。总而言之，荷兰的发展在所有领域都是令人瞩目的。事实上，低地国家在提高农业效率上进行的研究开发，丝毫不比它们在商业、贸易和工业上的发展少。

为了解释所有这些领域中出现的这种显得有些"早熟"的发展，我们必须先考察一下基本制度结构，特别是私有财产的确立和保护。在前面，我们已经指出过，到 1500 年的时候，无论是土地还是人，都已经被免除了庄园义务。从勃艮第时代沿袭而来的另一个重要特点是，积极鼓励生产要素的流动。例如，来自外国的商人和拥有专业技能的手工业者都可以继续从事他们的职业，尽管地方行会竭力加以反对。大多数垄断企图都受到了遏制。降低交易成本的商业创新则得到了法律的承认。在这种相当先进的制度环境下，贸易和商业很快就开始繁荣起来。唯一仍然缺少的能够鼓励经济增长的财产权，就是知识产权，当时仍然没有一种有效保护知识的制度。

尽管各位勃艮第公爵一直都在鼓励经济发展（这种发展会威胁和激怒那些享有特权的老城镇，因为它意味着全新的、自由的工业和商业），但是他们在发展他们的政治行政机构时，并没有取消原来的省级议会或市政长官的地方权力。1463 年，勃艮第公爵"好人菲利普"（Philip the Good）创立了全国性的议会，它由各省议会的代表组成。议会通过了一系列法律，但最重要的是，议会拥有授权王室税收的权力。

勃艮第和哈布斯堡王朝的总体方针是促进统一和贸易，这有助于经济繁荣从而增强王权。在查理五世于 16 世纪发动的一系列战争中，这里的 17 个省一直效忠王室，并为这个不断扩张的帝国的征服战争提供了越来越多的财政收入。低地国家因为经济繁荣，已经成了哈布斯堡王朝的聚宝盆，为王室提供了大部分收入。然而，勃艮第和哈布斯堡王朝为统一所做的努力，最终也为反对派建立统一战线创造了条件。在那个时期，哈布斯堡王朝几乎一直在卷入战争，因而财政危机一个接着一个，它不得不变本加厉地从低地国家榨取越来越多的赋税收入。低地国家虽然愿意容忍查理五世的不断索取，却不愿意继续容忍他的继承人腓力二世的苛求无度。低地国家接受了奥兰治王室（House of Orange），发动了叛乱，从而开始了一场旷日持久的独立斗争。由于宗教争端，这场斗争变得更加复杂化了。安特卫普的陷落，导致了阿姆斯特丹的崛起。最后，北方七个省宣布独立，成立了荷兰共和国。在阿姆斯特丹领导下，这个新生的共和国继承了勃艮第人统治时期培育和发展起来的法律和财产权结构。

第二节

贸易和商业的发展是近代初期荷兰经济的原动力。欧洲人口的增长，特别是 16 世纪的人口增长，使得地理位置优越的荷兰大为受益。市场——或者说交易部门——将农业和工业相互连接起来并最终将它们与消费者连接起来，是这个时期实现了生产率大幅提高、带来了大额增量收益的部门。交易部门在历史上一直都是荷兰最重要的部门，现在又进一步成了一个可以直接从中获取大量财政收入的部门。除了危机时期之外，这个国家一直有很强的激励采取各种措施，降低交易成本，刺激商业发展。

于是，在地处中心的这些低地国家，这样一个过程自然而然地启动了：欧洲人口增长刺激了创新，而创新又通过降低交易成本提高了经济组织的效率。这个阶段采用的商业上的创新并不是全新的，因为大多数都是由意大利人在更早的时期发明的。然而，这些创新只有被大规模采用后，才会变得有效率。市场规模的扩大，以及非常重要的，有利的政治气候，为应用这些创新来获利创造了条件。直接降低了利用市场的成本的创新、为小商人抓住获利机会提供便利的新型商业组织，尤其是资本市场的建立，构成了荷兰经济史上这个时代的特征。

利用市场来组织经济的成本就是达成交易的各种成本。正如我们在前面已经看到的，交易成本可以进一步分解为搜寻成本、谈判成本和实施成本。无论用哪一种成本衡量，荷兰经济都是比较有效率的。

搜寻成本指的是找到可与之洽谈交易的潜在买家或卖家所需的成本。荷兰的各个市场有效地降低了搜寻成本。在低地国家，区域性集市有兴有衰，最初崛起的是布鲁日，然后是安特卫普，最后占据了支配地位的是阿姆斯特丹，每一个市场都比前一个市场更大。市场内在的规模经济，保证了一个时期只有一个中心市场可以占据支配地位。这些中心市场发挥着国际市场的作用，而且它们本身的性质决定了它们能够极大地降低搜寻成本。集中在中心市场上的买家和卖家的人数比北欧其他任何地方都要多。在这些中心市场上销售的产品的种类、讨价还价的余地也都比任何其他地方多。大市场可以保证产品和销售条件的专门化。那里还设立了永久性的展销大厅或"交易所"（bourses）。在这种"交易所"里，专业商人可以将商品或样品一直陈列下去。在以往，"交易所"只有在集市开市期间才能租用，而在这个时期，对外贸易已经成了一种一年到头"全年无休"的职业了。

达成一项交易所要付出的谈判成本可以用"交换条件"（quid pro quo）来计算。显然，在一项交易中，净价（pure price）是核心变量，除此之外，还包含了许多其他因素。有待交易的商品的质量必须商定，交易的时间和地点也要商定。此外，还要商定在什么时候以什么方式支付货款。这些非价格因素在任何交易的讨价还价过程中都是很重要的。买家和卖家必须就交易的所有这些因素达成一致，才能签订交易合同。由于大量的买家和卖家都集中到了低地国家的市场上，所以谈成一项有利可图的交易的机会就比其他地方多得多。从日常进行的大量交易中，逐渐形成了标准化的操作规程或惯例性的销售条款。由于能够有效地降低谈判成本，这些惯例性的销售条款在经法律批准后就在许多交易中得到了广泛应用——或者，至少为买家和卖家就单个交易进行讨价还价提供了一个起点。

有些商品的交易，通常是大规模地、连续地进行的，它们的销售可以根据样品来进行。例如，伦敦的商人在这些市场上购买波罗的海沿岸地区出产的谷物时，就只需查看样品和留下样品即可。销售者保证交付的货物会与样品一样好或更好。某些分等级销售制度的出现以及期货市场的发展，都是这种销售方式的直接延伸。于是，谷物、酒、木材和羊毛，甚至在它们收获之前就可以出售了。

实施成本，即保证交易合同的条款按约定履行的成本，也在这个时期出现了明显下降。符合习惯法的贸易惯例受到了政府的保护。如果合同的某个缔约方违背了任何一个条款，那么受到损害的商人就可以到市场附近的法院去起诉要求得到补偿。只要作为侵权一方的商人还想在这个西欧最有效的市场上继续从事商业活动，就不可能对法院做出的判决置之不理。政府认可的公证人也在市场附近设立了办公地点，他们为合同作公证，将合同记录在案，对商事纠纷进行调解。这样一来，公证人就取代了以往由地方行政长官行使的这项职能，这种专业化无疑可以提高实施合同的效率。

当市场发展到非常大的规模之后，就可以在大量交易中，为已知质量的产品制定惯例性的合同销售条款了，这一点是极其重要的。因为这样一来，就可以完全让供求因素"自由"地决定市场价格。从16世纪的最后25年开始，这样的价格就定期汇集并公开发布了。阿姆斯特丹的"市价表"（price current）

传播的范围非常广泛，它包含了关于在什么条件下可以达成交易的信息。后来的研究者在所有重要的欧洲城市的档案馆中都发现过这样的"市价表"，它们为商人提供了一个很好的洽谈生意的起点，无论他们是身在低地国家，还是在欧洲其他地方。在考虑了将商品运送到阿姆斯特丹所需的成本之后，没有任何一个商人会在他所在的地方以低于阿姆斯特丹市价的价格销售商品。

国际贸易在 16 世纪和 17 世纪的迅速扩张，也得益于商品运输成本的大幅度下降。无论是陆路还是海运，运输成本都明显降低了，从而使得单位价值低的大宗货物的贸易得以发展起来。在这个领域，海上贸易处于领先地位。海商（sea traders）将地中海、波罗的海与非洲、亚洲及新大陆联结成了一体。内陆贸易的路线和集市，虽然从绝对数量上看有所增长，但是与沿海地区相比出现了相对下降。16 世纪和 17 世纪发展起来的各大市场，都通过可通航的水系相互连接起来了。

16 世纪初期适于远洋航行的小型船舶对近代初期有限的海上贸易是完全适应的。许多港口如安特卫普、鲁昂、伦敦和塞维利亚，都是位于河流入海口边上，离海洋还有相当一段距离，只有吃水较浅的船只才能进入。当贸易量还不太大时，小型船只具有往返省时的明显优点。由于当时法国、英国和荷兰都有海盗存在，把货物分开装到几艘船上对商人也比较有利，因为这样可以减少货物全部灭失的风险。

然而，到了 1500 年以后，专业贸易发展起来了（比如说，波罗的海沿岸的木材贸易），这使得大船在经济上更合算。随后，海盗被肃清了（或者，至少它们带来的风险减少了很多），国际贸易货物数量迅速增长，海上保险也发展起来，在这些因素的共同作用下，使用更大的船只沿着航线定期航行变得更加经济了。船舶的平均吨位也在逐渐增大。由于上述各方面的发展，1600—1750 年远洋运输的生产率每年按 0.5% ~ 1% 的速度增长，这个过程也推动了贸易效率的提高。

航运业生产率的提高在很大程度上要归功于一个创新的广泛应用。在那个时期，出现了一种名为"福禄特帆船"（flute）的新型运货帆船，它明显有别于早期那种武装运货船。这是一个很重要的进步。荷兰大约是在 1595 年前后发明了这种帆船的，它在世界各条商业航线上的广泛使用，则依赖于在相互贸易的各个地区之间大规模的、经常性的和有效率的市场的发展，取决于航线上的海盗和私掠团伙的肃清。"福禄特帆船"为了腾出更多空间载货和更便于操纵，牺牲了一些用来加固船身的结构（那是为了支撑大炮的重量和后坐力以及其他装备和复杂的索具的重量），这也有利于减少船员人数。历史事实证明，"福禄特帆船"极大地降低了直接的运输成本。这种船在波罗的海立即体现出了极高的应用价值，因为那里有大规模的经常性贸易，而且海盗和私掠团伙已经逐渐被肃清了。但是，由于"福禄特帆船"是专门为大量载货而设计的，它的防御能力相对较弱，因而空间利用不充分的可能性以及在海盗出没的地中海航线上需要专门加以保护（或购买保险）的费用，使得这些成本节约归于无效。于是，将这种普通型海船应用于更多的航线的时间就被推迟了，直到各地大量定期市场发展起来、海盗大幅度减少乃至基本被肃清之后，才真正得到了全面应用。

位于内陆的市场区域也是不可忽视的。有许多商业企业专门从事内陆贸易，为此它们在化解和降低旅途风险上做出了很多努力。商人们集结成大型商队，或者组建武装护送的内陆车队来保护货物的安全，这样使得小商人也能够参与长距离的大陆贸易。著名的德国黑森货车队（Hesse carts），还有意大利旨在维持和保护大陆贸易线的大型商业企业，都是这方面的很好的例子。

从总体上看，这几个世纪中商业组织的变革，主要不在于新组织形式的发明，而是对意大利人在早期就已经发明的已知技术的创新性应用。低地国家的市场迅速扩大，使得人们有可能发展出一些在经济活动处于低水平时没有效率而现在变得有效率的新制度安排。

在这两个世纪中，商业组织中的新元素集中体现在帮助一般公众利用有利可图的商业机会的方法的创新上，这些方法比早先德国和意大利的集中化管理的大型家族公司所用的方法有更高的灵活性。股份公司和代理商制就是其中两个很好的例子，它们都很重要。例如，通过"短期合伙"的形式将入股资金集中起来使用，既使得许多小商人有机会通过提供远洋航行所必需的大量资金的途径参与远洋贸易，又能够使这种商业行动所包含的重大风险得到分担。又如，以付出一定佣金为代价，通过其他市场上的同行商人来进行买卖，也使得小商人得以参与本地市场以外的贸易。这些组织技术为小商人提供了参与有风险性的重大商业活动和横贯大陆或海洋的远程贸易的工具。尽管从总体上看，商人们主要的组织形式仍然是家族企业或小型合伙企业，但是他们所用的方法已经变得比较复杂了。他们不仅对交易机会更加消息灵通，而且更加善于利用它们。在这个时期，商人的人力资本也得到了惊人的成长。入行前先到正规的商业学校接受训练，已经成为一种公认的做法。复式记账方法也得到了广泛的传授，并成了标准的会计惯例。

第三节

　　这个时期资本市场的发展是与商业的兴起以及各主要民族国家之间连绵不断的冲突分不开的。在发生了财政危机的时候，欧洲各国的王室都会成为借款人，同时任何团体一旦变得足够富裕，就有可能成为王室大规模借贷的贷款人。那些寻求妥协退让的商人，会成为贷款的主要来源，他们也很脆弱，容易成为王室榨取强迫性贷款的对象。我们在前面几章中已经看到了，意大利人和德国人的大型家族企业都充当过国王的贷款人，他们得到的回报包括可观的佣金、矿山租约、垄断权和（或）征税权。然而到了最后——也许没有一次例外——这些君主都会拖欠还款、违约，或者干脆没收、征用他们的债权人的财产，使他们破产，而要起诉国王无疑是极其困难的。

政府的财政需要是导致这种贷款需求的一个原因，国际和地区贸易的专业化程度的提高是导致贷款需求的另一个原因。资本通常被认为是一种使用年限在一年以上的生产要素。资本使制造业者能构建一个专业化程度更高的生产过程，从而实现分工带来的收益增量，或者让在不同时间里分别完成的互相补充的生产过程连接起来。资本的本质就是时间。无论是政府还是单个经济单位，如果它们现在就能获得资源并在未来某个时间才支付的话，就都能够从多种不同的途径获益。日后需要支付的越少，它们现在想借入的就越多。也有一些人愿意放弃他们的某些现期资源而要求在未来得到偿付并加上一个溢价（即利息）。利息越高，他们就越愿意多借出。这样一来，就出现了两个群体都可以从交易中获益的情形。

资本市场可以将想要达成这种交易的潜在的借方和贷方召集到一起。要创造出一笔贷款，与任何对双方都有利的自愿交易一样，也需要资源。还要付出搜寻成本，即潜在的借贷双方建立联系的过程需要付出的成本。还要付出谈判成本，即双方试图就所借款项数额、借款地点、应付价格（利息），以及为保证偿还贷款必须提供的担保（这对贷款特别重要）等事项达成一致协议所需付出的成本。贷款与直接买卖货物（如小麦）不同，它是在两个不同的时间点上进行的，一是贷款出借的日期，二是贷款偿还的日期。因此，还需要付出实施成本，即保证贷款合同的所有条款切实得到履行的成本。由此可见，一笔贷款的创造跟任何其他交易一样，也有许多个变量。

市场越有效率，创造贷款所需要的搜寻成本、谈判成本和实施成本就越低。一个资本市场必定也是一个货币市场——货币借到手后，可以用于任何目的，最后偿还时还要加上利息。在西欧，资本市场发展起来的天然地点是那些商业中心。欧洲资本市场最初出现于一些地区性的集市上，然后在布鲁日、安特卫普等地的市场上相继出现，最后其中心与商业中心一起转移到了阿姆斯特丹。早在16世纪初期，安特卫普就已经主导了欧洲的汇票和其他信用票据如即期票据、存单的交易，以及国家和城市的债券的交易。它的交易所一度有5 000名会员。这个交易所是专门用来进行信用票据交易业务的，货物交易则在该城市的其他地方进行。然后，到了下一个世纪，阿姆斯特丹的货币市场的规模就更大了。

由于计息贷款业务早在1312年就已经被教皇克莱蒙五世（Pope Clement V）禁止了，因此有效率的资本市场的发展一直受到了很大的阻碍。当然这个禁令并没有得到有效执行，但是也没有遭到直接的反抗。相反，人们在需要贷款时，一直都在通过某种隐蔽的办法来达到自己的目的，这方面的例子有，用临时的租借来代替抵押、用隐名合伙来代替直接贷款，等等。但是这样一来，也就提高了搜寻成本、谈判成本和实施成本——尤其是实施成本，从而减少了利用贷款的机会。即便是在宗教改革时期，收取利息是否合乎道德、高利贷的一般性质是什么等问题仍然被人们争论不休。但是这些新生的民族国家需要一个资本市场。最后，1543 年的时候，查理五世终于批准了计息贷款。在其他地方，对资本的渴求也战胜了良心的不安，计息贷款终于得到了广泛接受，这就为西欧发展有效率的资本市场创造了条件。

在安特卫普和阿姆斯特丹等地发展起来的资本市场，与产品市场一样，也是非常复杂的复合体。也许，我们最好把资本市场分成两部分来考虑，这样一来我们可以先追溯短期信贷的发展，这种信贷与用于商业目的的贷款密切相关，然后探讨长期资本市场，它的发展与对政府的贷款有关。

从历史上看，两种延期偿付的方法得到广泛认可，促进了短期资本市场的出现。第一种方法是"信义书"（letter obligatory），它是一种约定将偿付延迟到未来某个日期的办法。"信义书"上要载明数额、时期和地点，有点类似于一张"我欠你 ×××"的欠条（I.O.U.）。

渐渐地，在早先写"你"（U.）的位置上，后来写成了"应付持票人"的字样。这样一来，持有"信义书"的人就可以用这张票据来偿还自己欠他人的债务了——他或他的受让人可以在票据到期时收回欠款。这称为票据的转让（assignment），是一种重要的发展，因为它创造出了其他可能的支付办法。为了使转让得到广泛的应用，还必须确立合法的背书权（endorsement）。这就要求法律承认，在票据上背书的人（背书

人）要对他所转让的别人的"欠条"所载的债务负责，一直到
该票据得到偿付为止。这就保证了万一"信义书"遭到了违
约，背书人仍要对债务负责。如果没有这种基本的保证，就不
会有人接受任何第三者的票据来作为对自己的偿付了。

到了 1507 年，安特卫普的"图尔巴"确认背书成为一个
惯例（"图尔巴"（turba）是一个市民团体，负责宣誓确认某一
地区的合法的惯例）。不久以后，这种惯例就在低地国家的其
他地区流行开来。1537 年，它已经成为整个荷兰的法律。此
后，转让的原则就由国家来保证实施了。这也是商人开始对
这种票据进行贴现所必须经过的一个自然步骤。贴现是指如
果持有未来某个日期才到期票据的商人发现现在就需要现金，
那么他可以把票据出售给别的不那么急需现金的人——当然
一般只能拿到低于面值的某个数额。于是，这个商人得到了现
金，而购买者则赚到了为该票据所支付的数额与票据面值之间
的差价。

转让原则也可以用于汇票。举例来说，可以开具一张汇票
在伦敦购货，最后在另一个国家比如说在阿姆斯特丹用外汇
完成支付。不用说，"信义书"或汇票能否承兑，取决于出票
人的信誉。如果出票人是像富格尔（Fugger）那样的大商人，
那么毫无疑问可以享有很好的信誉。这种需要导致了另一种
业务的出现：小商人可以把存款存入大商号，再由大商号来
开立汇票。

最终，从这种业务发展出了存款银行。以阿姆斯特丹的汇

兑银行为例，存款最终是由政府来担保的，因此尽管存款不付息，但是存款的安全是有保障的，这在一个动乱频仍的时期是一个不小的好处。

这样一来，商人们可以利用的支付手段就从易货、现金交易扩大到了包括延期支付在内的多种手段。现在，商人拥有了扩大业务的新工具。对于这个问题，有一位历史学者给出了很好的描述，他这样写道，16 世纪荷兰商人发展起来的技术工具"已经如此精密、如此合理，以至于风险因素越来越多地仅限于天气变化和季节波动这一类自然现象的影响了"。[①] 尽管这样说也许有点夸大了，但显而易见的是，在荷兰，既适合有效率的产品市场的发展，又适合短期资本市场的发展的财产权确实已经创立了。正如我们将会看到的，这些发展的影响渗入到了整个荷兰经济。

长期资本市场源于对国家的贷款并受其支配。例如，查理五世已经成了欧洲最大的债务人，富格尔家族则成了西班牙王室最大的债权人。对于这个时期，我们没有办法将对西班牙王室的贷款与西班牙统治下的荷兰的信贷截然区分开来，因为王室强迫各城市和政府大举为其举债。大部分借款都是在安特卫普的交易所里完成的。随后，西班牙王室在 1557 年、1575 年、1596 年、1607 年、1627 年和 1647 年先后六次宣布破产，导致富格尔家族彻底覆灭，同时对长期信贷市场造成了严重破

---

① Hermann van der Wee, The Growth of the Antwerp Market and the European Economy (Martinus Nijhoff, 1963), vol, 2, p.295.

坏。不过，长期贷款业务对借贷双方的好处都太大了，因此即便是如此惨重的损失都不能导致这种业务消失。

在这几个世纪里，所有国家的首脑都曾经通过借钱来应付不断出现的紧急情况和财政危机。一种借钱形式是永续年金，它需要永远为一笔贷款每年支付利息。在急需贷款时，专制统治者常常求助于这种贷款并且会以强迫的方式获得贷款。不过这种做法到最后必定无异于自掘坟墓。17世纪时，因为国家的政策，长期贷款市场已经具有全国性了。到这个时候，阿姆斯特丹已经摆脱了西班牙的统治，通过运用稳健的财政措施，建立了一个有效的长期资本市场，其利率低至3%。相比之下，其他地方的利率则高一些，因为利率是与财政地位、市场效率和政府声誉相称的。

荷兰资本市场的效率在于它作为西欧的货币市场从一开始就是集中化的。对外贸易也集中在那里，正是这个事实使得欧洲资本市场得以创建和发展起来。搜寻成本减少了，而且基本制度和辅助制度的创立降低了交易成本。

一个有效率的资本市场在低地国家发展起来了，这对商业和工业的活动产生了极其深远的影响。资本市场是由许多将借贷双方集中到一起来的中介机构所组成的。这些中介机构都是用最新的金融手段武装起来的，效率非常高，从而导致利率大幅降低——从1500年的20%～30%一路下降到了1550年的9%～12%，然后到17世纪又进一步下降到了3%或更低。因此，资本成本相对于其他生产要素的价格已经大幅度下降了。在荷兰的经济中，没有任何一个部门未曾受到过这种相对要素价格的急剧变化的影响。资本（无论是金融资本还是实物资本）不仅在商业中，而且在农业和工业中逐渐替代了其他生产要素。

第四节

农业逐渐变得越来越资本密集了。荒地已经排干了积水并开垦出来，围栏也有了很大改进，肥料也得到了广泛应用。信贷被越来越多地用于为各种经营活动提供资金。许多更专业化的生产方式得到了使用。工业生产不仅规模更大，也更加专门化。

我们在前一章中已经指出过，财产权最早是在土地方面发展起来的，而且低地国家出现了一种自由的劳动力。在这里，也许值得对这些发展作一简要概述。农奴制在低地国家也曾经存在过，但是到 12 世纪和 13 世纪时，在佛兰德斯和布拉班特（Brabant）的大部分地区就已经不复存在了。市场的兴起（以布鲁日为代表），使得封臣制变得不再有效率了。在这个过程中，庄园被分割成了小农的财产。这些发展再加上劳动力不断增长的收益递减效应对土地价值的影响，使得扩大耕作变得有利可图。这个地区农业土地的扩大，取决于围海垦田的可能性。除了需要投放大量资本之外，通过围海拓垦获得土地还需要保证投资者个人可以获得大部分收益。能够达到这个目标的最有效的手段无疑是土地私有制，因此很快地，这种财产权就被纳入了这个地区的基本制度安排当中。

14世纪和15世纪人口的普遍下降，导致围海垦田的激励消失。在15世纪中，荷兰乡村地区因战争和饥荒损失了1/3的人口。在这种情况下，被洪水淹没的土地往往无力疏浚排干。不过，小农业主（经营者）一直在农业组织中占据着主导位置，他们通常拥有7～10英亩土地。

进入16世纪后，欧洲各个地区的人口恢复了增长，商业贸易也恢复了活力，从而引发荷兰农业的新一轮发展。不过这种发展一般来说并不是由于技术进步所致，而是由于通过调整作物和生产方法适应了新的市场条件后产生的内在利润所促成的。小农场的业主兼经营者不受关于公田的法规的限制，可以迅速地适应市场需求的变化，而且作为业主，他们个人能得到内在的回报，因此他们有很强的激励去这么做。

国际市场的兴起导致了农业生产的地区专业化。例如，葡萄园从布拉班特消失了，养蜂业衰落了，制酪业则转移到了北方。原来的作物被种植面积不断扩大的油菜籽、干草、茜草、烟草、亚麻、用来酿造啤酒的啤酒花和优质谷物取代。可耕地的利用越集约化，需要的粪肥就越多，从而需要的家畜也就越多。为了保持肥力采用了新的作物轮种制度。休耕地也变成了耕地，用来种植过冬家畜所食用的粗饲料作物。农业变得如此专业化，市场对农业组织的渗透如此深入，以至于连当作肥料用的粪肥都有了专门的交易市场。

　　粗饲料和工业原料作物之所以能够得到广泛种植，当然是因为低地国家的商业市场已经相当有效，可以输入足够的粮食来养活大城市的居民。

　　乡村的自由劳动者，在土地私有制业已存在的情况下，有非常强的激励为了自己的收益而去充分利用他们拥有的资源，在这种情况下，这样做对社会也是有利的。荷兰农业的基本制度——私有制、自由劳动力和市场——都是与经济增长相适应的。在这个时期，实现这种增长的机会实际上是由市场的发展来提供的。在前述基本制度组织之下，荷兰农民能够迅速做出调整，以适应产品和要素的价格变化。荷兰因此一跃成为新型农业生产方法的先驱，不过这些新方法主要在于专业化和更有效的资源配置而非来自技术发明。

　　当然，这样说并不意味着没有任何技术进步。技术进步确实是有的。例如，当时新出现了一种专用的镰刀。只不过这个时期所取得的收益也可以用商业部门的扩大来说明。它们就像中世纪时期出现的技术进步一样，无疑也是改进。这些改进源于人们对更加专业化的领域的专心致志的探索，而且不需要投入太多私人资源就可以进行开发。不过遗憾的是，在基本制度内仍然缺少对发明者源于新知识的收益提供保障的方法。

第五节

　　我们在前面已经看到了，低地国家是西欧制造业的第一个重要的中心，对于其中的纺织业来说尤其如此。有效的市场的发展，既便于原料的进口，也便于最终产品的销售和出口。纺织业的织物是按照高度专业化的行会条例生产出来的。工业部门的命运、整个该地区的命运，都依循着马尔萨斯周期。当西欧人口增长时，贸易和制造业也随之增长，当人口下降时，商业和工业也随之下滑。在15世纪，当人口减少到最低点时，英国织物成了主要竞争者。荷兰的城市中心对此的反应是，开始专业化经营奢侈品和半奢侈品纺织业。

直到1500年，低地国家乡村地区的工业的重要性仍然非常有限。此后，随着商业和贸易在整个欧洲的扩张，乡村地区的制造业的重要性也不断提高，廉价亚麻布和粗羊毛织物的生产都集中在了乡村地区。商业活动的崛起、一个有效率的资本市场的发展和政府的政策，是导致这种情况发生的三大因素。资本成本的下降，使得更多的资本可以用于制造过程；乡村地区不存在行会的管制条例，则使得制造过程不用受制于管制并可以雇用更加廉价的乡村劳动力。在这些条件之下，人口相对稠密的荷兰乡村地区充分发挥了自己的比较优势，迅速发展起来了。

国际市场的发展，引导城市手工业行会越来越致力于专业从事奢侈品和半奢侈品的生产。与此同时，在乡村地区，已经发展起来的纺织工业则在城市商人的指导下以"分料到户制"（putting-out system，或译"散工分包制"）的形式从事廉价织物的生产。商人向织工提供原料或购买原料所需的款项，并在加工过程中提供指导，最后在未来某个定好的时间取走货物。尽管手工业行会反对并试图阻挠这种转变，但是商业部门中的政治权力支配了政府的政策。商人们组织并资助了乡村地区的工业，因为鼓励乡村地区的工业发展对这些很有势力的商人是有利的。因此，行会那些限制性的法规只能限制城镇。在乡村地区，市场力量的自由发挥占据了主导地位。

荷兰在近代初期已经发展成了欧洲的经济领头羊。它在地理上处于中心位置，它的政府是一个能够建立起有效的经济组织的政府，这些可以解释荷兰的经济增长。许多经济史学家有时会不以为然地将荷兰称为最后一个"大城邦"，甚至会把它的相对下降同绝对衰落混为一谈。然而事实是，荷兰是第一个实现了我们所定义的持续经济增长的国家，它不仅没有衰落，恰恰相反，它一直很繁荣并在以后的几十年甚至几个世纪里都实现了人均收入的增长。只不过，经济舞台的中心确实转移到了英国而已。

第十二章

英 国

法国的规模和西班牙的财政资源，使得这两个国家成了欧洲的强国。荷兰则是因为它的高效率而成为欧洲的强国。这三个国家都不断地向英国提出了各种挑战，因为英国既缺乏法国的规模，又缺乏西班牙的外部资源，也缺乏尼德兰联省共和国的有效率的制度。英国不得不探寻一条适合自己的"中间道路"。早在 17 世纪，英国就不顾西班牙的反对着手开拓新大陆市场。也正是在这个世纪里，英国一方面试图孤立荷兰，另一方面则全力模仿荷兰的财产权和制度安排。到了 1700 年的时候，英国已经取得了很大的成功，然后到了下一个世纪初，它就取代了荷兰，成了世界上最有效率、发展最快的国家。

第一节

不过，在 16 世纪时还没有什么迹象表明英国将会走上成功的经济增长的坦途。英国在 14 世纪和 15 世纪时也承受了与伴随着贵族权力衰微而来的各种苦难。对外，英国卷入了百年战争；对内，玫瑰战争给英国带来了混乱无序、谋反叛乱和司法不公。1485 年亨利·都铎（Henry Tudor）在博斯沃思平原（Bosworth Field）之战中的胜利，并没有给都铎王朝带来与法国和西班牙王室在类似的情况下攫取到手的对征税权的绝对控制。

在都铎王朝时期，英国君主制达到了权力的顶峰。尽管如此，在民族国家兴起时期，亨利七世的权力还是受到了很大的限制，因为人们希望这位国王"靠自己生活"。当然，这位国王也曾经想方设法扩大财政收入来源以满足国家建构的需要：出售各种许可权和特权，强行收取数额越来越大的罚金和税金作为固定的收入来源的扩展。亨利七世的后继者亨利八世则通过没收教会土地来增加收入。然而，对于英国来说，事情的真相永远是"在英国，最强大的王朝只有在不超出国家规定的限制时才是强大的"。[①] 没收教会土地和财产似乎并没有逾越这些界限，但亨利国王还是发现，"由于几乎一半的贵族和至少 4/5 的教士都反对他，他需要一个下议院，因而他小心翼翼将它扶持了起来"。[②] 下议院中，新兴商人阶级和土地贵族占有主导地位，它是都铎王朝政治方针的一个重要组成部分。都铎王朝认为自己必须试图控制议会而不是取代它。对

① W. C. Richardson, *Tudor Chamber Adnministration* (University of Louisiana Press, 1952), p. 5.

② G. R. Elton, *The Tudor Revolution in Government* (Cambridge University Press, 1953), p. 4.

于都铎王朝历任君主就财产权所进行的一切交易，都只能认为是机会主义的。这个王朝反对圈地、支持垄断，而且没有认识到扩大市场可以得到收益。它到处追逐收入，而不顾对经济效率会产生什么影响。

斯图亚特王朝沿袭了都铎王朝制定的方针。斯图亚特王朝统治初期，下议院的构建已经完备，有能力证明自己。斯图亚特王朝和议会之间经常发生争议，这是人们熟知的历史事实。在我们看来，重要的是，这些争议在本质上都是关于财政问题的。[①] 英国王室既然已经卷入了国家之间成本高昂的竞争，就必定会需要更多的财政收入，但是事实已经证明，英国的议会是很难对付的。王室认为管理国家是它的特权，议会则认为王权要受习惯法制约。

英国政府在 17 世纪初期的历史与爱德华·柯克爵士（Sir Edward Coke）的生涯密不可分。正是柯克极力主张普通法才是最重要的土地法律，并一再激怒了詹姆士一世。也正是柯克于 17 世纪 20 年代领导议会与国王对抗，最终保证了商法的发展要在普通法的主导之下。最后，柯克还领导议会反对派巩固了议会与普通法的"联盟"。

柯克的贡献并不限于为普通法的至上权力辩护，他还主张普通法应该打破那些与王室特权有关的特别垄断权。从中世纪

---

① 限于篇幅，我们在这里没法深入探讨财政危机的背景，这必然要追溯到伊丽莎白时代的战争支出、17 世纪时"十五之一税和什一税"收入的下降、强制征税问题、关税包税危机和伦敦市的分裂。在这个领域，经典的文献是：F. C. Dietz, English Public Finance, 1558-1641（The Century Co., 1932）.

盛期以来，王室便一直拥有授权建立市场和集市的特权。1331年，佛兰德斯的织布工约翰·肯普（John Kemp）被授予了从事纺织业的专利权，获得了受保护的市场，并且具有合法学徒身份的人被准予免税。授予专利垄断权"在社会层面上的合理理由"在于：这种技能对于本国来说是全新的，而且相关的技术和市场具有充分的不确定性，为了取得成功，创新者最初不得有竞争者。在 16 世纪后半期，情况变得越来越清楚了，王室已经把这种专利权的授予看成一种"宫廷货币"，或者用它来聚敛钱财，或者用它来酬谢宫廷宠臣。这些"恩赏"本身虽然不会让王室破费多少，但是所产生的更广泛的影响往往是非常有害的，因为它干扰了现有的制造商的经营活动或阻碍了有利可图的扩张。

柯克在他的著作中不仅抨击了王权对专有垄断的授权，而且抨击了当时存在的排他性专有贸易特权。他把《垄断法案》（*Monopolies Act*）视为法律的一次重申而不是一项新法。柯克描述了达西诉阿莱因（Darcy v. Allein）一案，并将它称为一个典型的垄断案例。在此案中，王室授予的对扑克牌的专利垄断权受到了挑战（此案的结果是，专有特权的拥有者没有赢得"侵犯专利权"之诉）。柯克认为，这种垄断应当予以排除（在本案中已经被排除），普通法暂时取得了对王权的胜利。

不过，在描述英国的市场自由不断扩大时，如果过分突出个人的作用或许会导致某种歪曲。柯克代表了一个不断成长且日益强大的商人集团的"情感"，他们不安于对他们的活动强加的种种限制。商业贸易中的盈利机会似乎无处不受到特权的限制。进入也好，流动也好，都面临着重重障碍。必须清除这些障碍，创业机会和获利机会才会继续增加，从而促进经济发展。1642 年的《垄断法令》(*Statute of Monopolies*)不仅禁止王室垄断，而且包含了一个鼓励任何真正意义上的创新的专利制度。

除了上述《垄断法令》之外，17 世纪的前 41 年英国的政治史与 16 世纪的政治史一样，并没有提供多少能够证明非人格化的、有效率的财产权利制度正在形成的证据。对这段时间的政治史更加确切的描述是，它只是一些关于斯图亚特王朝财政危机以及它所采取的旨在挽救其收入的种种权宜之计的片断史实。1614 年灾难性的柯克因计划(Cockayne scheme)出笼，它的筹划者向詹姆士一世承诺，重组织物贸易业可以获得 30 万英镑的收入。然后，在 17 世纪 20 年代初，为了搞到一些为数不多的财政收入，王室又批准了一系列专利权。到了 17 世纪 30 年代，查理一世为了应付财政赤字，又打起了关税和垄断特权的主意。

这些政策对经济造成了严重的后果：不仅使面对荷兰强大竞争的对外贸易业陷入混乱，而且在国内任意授予财产权也加剧了不确定性。在这种背景下，柯克及其后继者们做出的反应是，必须让财产权的创设摆脱任意妄为的王室的影响，并将现存的财产权纳入受法院保护的非人格化的法律体系之内。

清教徒革命（puritan revolution）就是王权和议会之间斗争激化的结果，当然，后果是人所共知的。王政复辟以后至1688年光荣革命之前，王室其实也没有就如何在没有议会的情况下治理国家进行过认真的尝试。1688年以后，转变终于完成了——议会占据了主导地位。这些事情与法国发生的情况大相径庭，在我们看来，这段历史的关键在于英国王室未能通过对经济的有效控制来扩大收入。要想做到这一点，需要有一支庞大的、只对国王效忠的官僚队伍，要有能够有效地控制学徒法规和行业法规的行会体系，还要有一个只对王室控制负责的法院系统。然而，这些对王室成功必不可少的元素在英国都无一例外地缺失了。

16世纪人口迅速增长，导致农业收益递减，从而极大地降低了大多数英国人的生活水平。我们在前面已经看到，除了实际工资下降之外，价格变化的特点也与前两个世纪相反。虽然所有商品的价格都有所上涨，但是土地价格相对于工资的上升幅度特别大，农业产品价格相对于工业产品价格的涨幅也更大。尤其是，羊毛价格的上涨和养羊业的利润提高，由于国际贸易的迅速扩张而加快了。这些新的相对价值的结合，创造了重新调整资源配置的强大激励。但是，都铎王朝采取的政策取向却是冻结经济、阻挠资源配置重新调整和维持现状。国际贸易在欧洲和边疆地区的扩张，创造了许多虽有一定风险但盈利空间极大的商业机会。都铎王朝是以授予股份公司垄断经营权的方式对这一发展提供了支持。这些公司与荷兰的同类公司相似，能够将有限责任与使用胁迫手段排除其他英国人进入的专有权利结合起来。这一方式成败参半，但是至少证明了扩大对外贸易有很大的盈利空间。

劳动价值的下降和欧洲所有自然资源价值的上升，提高了在新大陆殖民所能得到的利润。在新大陆，资源丰裕而劳动力稀缺。当时，远洋运输成本也在迅速下降，从而降低了新大陆商品的运输成本。新大陆的资源的诱惑是如此强大，以至于到 1640 年英国已经在美洲建立了 14 个永久性的定居点，到 1700 年时在海外生活的英国人总数已经超过了 50 万，这些人为母邦生产各种各样的农作物。

荷兰由于拥有整个欧洲最有效率的市场，又拥有成本最低的远洋运输工具，因此成了英国经营海外殖民地最有威胁的竞争对手。英国通过了很多航海法案（Navigation Acts），试图把荷兰人从英国人的殖民地上排除出去。到了 1700 年，在进行了因这种争议引发的三场战争之后，英国人取得了胜利，将整个殖民地市场都置于英国人的控制之下。伦敦随着内外贸易的扩张也飞速发展起来。布里斯托尔和利物浦等输出港也开始崛起。

市场扩展带来的收益造成了 17 世纪特有的一些政治纠纷。荷兰的榜样在新兴的商人阶级看来是最重要的。这些商人团体的私人利益在这个时期基本上与整个社会的利益相同，因为正如我们在荷兰的例子中已经看到的，可以带来巨大增量收益的是交易部门。17 世纪后半期，英国在利用这些收益的方法上取得了巨大进展。17 世纪 40 年代以后，一个赞成商业扩展的中央政府建立，也有利于这种发展。

正如荷兰曾经发生过的一样，在英国，利用市场的成本的下降也是生产率收益（productivity gains）的主要来源。交易成本的下降，使得英国在 17 世纪不仅能够养活不断增长的人口，而且能够提高他们的生活水平。随着市场的发展，英国采用了荷兰人所熟知的那些商业创新。在这个时期，从总体上看，工业和农业领域没有发生什么重大的技术变革。已经出现的生产率收益只是对当时产品价格和要素价格的变动做出反应的结果，这是经济能够进行调整以适应新条件的结果，是对交易成本下降的反应，而不是对新知识的反应。

第二节

在都铎王朝统治时期，农业领域出现的主要纠纷都是因羊毛价格上涨而引起的。英国从羊毛原料出口者转变成了羊毛织物制造者和出口者。由于羊毛价格不断上涨，发明各种能够控制牧人在牧场上过度放牧的办法所能带来的收益也增加了。这些方法的作用从如上事实中可以看得很清楚：越来越多的人抗议别人违反了限额放牧协议（限额放牧协议是一种自愿达成的关于限制放牧家畜的数量的协定），还有很多人为了圈占牧场和边际可耕地而做出了各种努力。不过，实施这些协议的成本很高。

圈占牧场在习惯法中早就有了先例，至少可以追溯到 1236 年的《默顿法令》(*Statute of Merton*)①，它允许圈占公地。在以养羊为主的乡村地区，人口密度要大大低于以农耕为主的地区，结果相关各方达成一致协议的成本也就更低一些。在不改变现有的基本制度的情况下，规定限额对获取某些潜在租金也可以起到一定作用，尽管如上面指出的，实施成本会很高。最后，圈地成本中的主要因素是都铎王朝的反对。在圈地涉及对财富进行重大再分配的那些地方，圈地运动导致了普遍的骚乱乃至公开的叛乱。都铎王朝的政策取向是反对圈地的，因为圈地会导致土地弃耕。由此导致的结果是，许多牧场在 16 世纪都被圈占了。

16 世纪羊毛价格的相对上升趋势并没有持续到 17 世纪，因而将耕地变成牧场的激励变弱了。可耕地的生产组织仍然具有敞地耕作制的特点。17 世纪农作物价值的相对上升鼓励人们从美洲等地引进一些新作物，特别是从农业生产更集约化的低地国家引进。例如，如果种植红豆草和三叶草这两种新的豆科植物，则可以减少甚至取消休耕地，同时还可以显著增加牧畜饲料的供给。来自荷兰的移民在 1565 年之后不久就把芜菁引进到了诺里奇。种植这些新作物，需要原本在"条地"上耕作的"敞地农民"之间达成复杂的协议。公地放

---

① 这里的"1236 年的《默顿法令》"，原文如此。前文说是"1235 年的《默顿法令》"。可能前面是正确的。——译者注

牧权也必须加以约束。这样一来，为了获取这些新作物带来的收益，人们发展出了无数折中妥协的办法。这些协议在当时之所以是必需的，是因为那时土地财产权的模式还没有达到排他性所有权的程度。要解决的第一个问题是，利用庄园土地的权利应该授予谁？然后必须做出的一个决定是，应当怎样利用庄园土地？就这样，在土地已开发的那些地区，逐渐发展出了一系列越来越接近于排他性所有权的财产权形式。在斯图亚特王朝转变立场不再反对圈地运动之后，这些协议（其实还包括圈地运动本身）都得到了政府政策的鼓励。英国的农业革命最典型的时期出现在 18 世纪，但是到了 17 世纪末的时候，圈地运动和如上所述的各种自愿协议就已经消除了土地所有权中的诸多公有产权成分，提高了耕作者利用更有效的技术的收益，从而为农业革命的到来搭好了舞台。

第三节

我们在回过头去讨论英国非农业部门的发展之前，还是应该花点时间回顾并进一步探讨一下都铎王朝和斯图亚特王朝时期国家和私人部门之间的关系。正如赫克歇尔（Hecksher）和内夫（Nef）已经指出的那样，英国和法国之间的差别并不在于目的，甚至也不在于"有案可查"的管制条例，它们之间的差别其实在于法律的实施和王室自行其是的相对权力上。因此我们讨论的主要思路还要回到王室、议会和司法体系之间的关系上去——本章开始时已经对此有所探讨了。1563 年，伊丽莎白女王颁布了著名的《工匠法令》(*Statute of Artifices*)。它其实是对中世纪时期有关法律规定的全面法典化——那些法律规定是在黑死病时代之后的那个时代为了限制工资上升而制定的。《工匠法令》规定了固定工资制、确立了培训学徒的统一规程、要求手工业者和工匠在需要时帮助收割，还有其他一些法律则授予行会监督权。

此外，都铎王朝还为构建一个综合性的工业管制系统做出了种种努力，目的是"冻结"经济活动结构、阻止生产要素的流动，当然，结果证明这些努力全然归于无效。它们之所以无效，是因为：（1）法令只适用于现有的行业，结果新的行业避开了学徒法规的限制；（2）尽管遭到了城市中的行会的极力反对，工业还是转移到乡村地区并摆脱了行会的控制；（3）在那些迅速发展的行业中，甚至某些在 1563 年以前就已经存在的行业中，由于急需增加劳动力，导致雇主对那些法规条例视而不见；（4）在乡村地区，法规条例一般都需要委托不领取薪金的地方治安官去实施，但是他们并没有激励去实施在当地不得人心的法规条例。事实上，既然他们的责任是维持本地的利益，他们反而有相当强的激励不去执行这一类法规。制造业部门的发展在很大程度上也复制了荷兰的发展道路。毛纺织业的产值一直居各工业部门之首。同时，为了规避行会的管制，织物制造业越来越普遍地转移到了乡村地区。最迟到 16 世纪 30 年代至 50 年代，行会才制定了一些会给乡村织工制造麻烦的法规。但是由于上述原因，这些法规没有执行。

这个时期，重工业的规模也得到了大幅增长，尤其在采煤业、锡铅采掘业和制铁业，通常的经济单位的规模都比较大。由于生产要素和产品的相对价格变化或新的工业部门的引进，生产能力得到了大幅提升。例如，采煤业的兴起就与随着森林的逐渐消失而出现的木材价格迅速上涨密切相关。

在 17 世纪，随着市场范围的不断扩大，英国的工业生产已经在地区分布上实现了专业化。工业部门的大部分增量收益都是专业化的结果。技术变革仍然不是主要原因。工业部门的收益就像农业部门的收益一样，主要应归功于在要素和产品市场上更加有效的财产权的确立。

第四节

《垄断法令》终结了王权创造垄断权的特权，这在历史上的意义比单纯对国王权力加以限制更加重要。将专利授予王室宠臣或用赠予专利权的方法对某些财源濒于枯竭的英国贵族加以补偿，这种做法导致的后果是，模糊了专利权在发展出一套有助于鼓励发明和创新的产权制度中所扮演的重要角色，并严重阻碍了专利的传播（特别是从大陆到英国的传播）。接下来，我们就来比较详细地考察一下专利权的含义。

英国早期在发展财产权以及将财产权应用于创新方面具有许多优势。它有适度集中的政治权力和中央权威，这有利于开发潜在的大市场。不过在这里重要的是必须强调，这个时期的前 150 年并不是一个竞争性的产品市场的阶段，简单地把授予专利权视为取代了竞争的垄断特权的转让，那将会是不得要领的。各地的地方性小市场（尼德兰地区除外）都受到了保护，可以防范特权的干预。集市和市场是经王室特许建立起来的。商人行会在城市范围拥有排他性的专有权利，稍后出现的手工业行会要么与前者并行发展，要么取而代之。在总体上，它们反映的是垄断特权占优势或控制的地方市场的一种混合物。在地方市场和专有特权并存的社会里，个人或自愿团体通过创新或改良来"渗透"进去的能力，即便不能说完全没有，也是非常有限的。只有个人与王室全力"合谋"，才有可能获得在这种产品市场上推进变革的强制性权力。在这样一种背景下，王室授予专属特权（是为了对海外商业活动进行"风险投资"，比如说商人的冒险行动和东印度公司这样的企业的创办，或者是为了将那些能够给英国带来新的制造工艺的外国人吸引过来）就是将外部性内在化的一个重要组成部分，是有价值的，因为能够提高经济活动潜在回报率。

正如我们在前面提到过的，这方面的一个早期例子是对佛兰德斯织工约翰·肯普以及织工密社（Weaver's Mystery）的其他一些成员的奖励和保护。肯普带着一批佣工和学徒来到了英国。授予这些人从事织布行业的特权，不仅使得他们在英国市场上受到了保护，而且使得他们能够绕过各种严格的法规，那些法规禁止工匠在不雇用正式学徒的情况下工作。换言之，授予特权不仅为他们提供了产品市场，也使得他们可以不受要素市场缺陷的影响。随后，英国王室又同意其他一些织工在英国其他地区建立他们的生产作坊。这种鼓励外国人从欧洲大陆带来新的发明创造的政策还推广到了其他领域，如采矿业、金属加工业、丝织业、缎带编织业，等等。在伊丽莎白女王授予的 55 项专利权中，有 21 项是授予外国人或加入了英国国籍的外国人的，其中包括制造肥皂、用于疏浚和排干水的机器、炉灶、油脂、皮革、磨床、食盐、制作玻璃杯的玻璃、抽水用的压力泵和信纸等产品的专利权，也包括对引进的锻铁、磨面、从油菜籽中榨油以及织物修整、染色和轧光等工艺的专利权。

不过，显而易见的是，在伊丽莎白女王统治时期行将结束时，一种新的经济活动的收益 - 成本模式正在从不断扩大的国内市场中浮现出来并仍然在不断变化。一方面是以股份公司的形式出现的自愿组织在迅速成长（股份公司能够分散风险并减少资本市场的缺陷）；另一方面是专利垄断的强制性导致的成本也在增大（阻碍自愿团体进入市场的形式）。17 世纪见证了这种变化。著名的达西诉阿莱因案（Darcy v. Allein）充分反映了自愿团体为打破伊丽莎白女王授予的一个更恶劣的垄断专利权而付出的努力。但是，一直要等到《垄断法令》出台，这种转变才基本完成。它不仅反映了王室垄断与自愿团体之间的关系的重大变化，而且使得创新收益内在化成为制度，从而使得对创新的收益的保护成了社会法律体系的一部分。实际上，创新的回报已经不再受王室的"偏爱"所左右了，而是得到了包含在普通法中财产权的保障。随后发生的 17 世纪的政治动荡最终产生了这样一种政治结构：它进一步巩固了自愿团体的财产权，保证可以在一个法治社会中实现经济活动的收益的内在化——在这个社会中，要素市场和产品市场都已经发展到足以促进这种扩张的程度了。

在这里，非常重要的一点是，理解在不具备获得外部性（带来的收益）的能力时创新活动的发生率与可以将外部性内在化时创新活动的发生率之间的不同。正如我们已经看到的，在没有财产权保护创新者的社会里，创新也可能发生，而且在历史上确实已经发生了，但是在这种社会里出现的只是一些成本（或损失的风险）极小——小到足以保证私人收益超过成本——的创新。任何成本太大（或发生很大损失的概率很高）的创新都不会出现，直到私人收益增大到足以保证这种"冒险"活动值得一试为止。对于这个结论，可以通过下面这个例子来证明。在制造业中，对工艺的改进可能是作为一种"意外情况"而发生的，也可能是有意识地反复"试错"的结果，但是无论如何，只要这种改进的收益立即就会被其他所有制造业者得到，同时"研究开发"的成本又高于该制造业者可以从中获得的个人收益，那么"研究开发"就不会进行。不过，如果能够保守工艺改进的秘密，或者能维持某种垄断或排他性的专利权的话，就能增大潜在的私人利润，因而高得多的"研究开发"成本也可以承受，于是改进发生的时间将会提早很多。① 如果没有任何保障可以保证创新收益的大部分都能够内在化，就不会有人去进行那种要付出大量"研究开发"成本的创新——即便真的有人愿意去进行这种创新，也是不值得的，因为风险过大。

改变制度环境，让私人收益率接近社会收益率，就能够鼓励创新。奖励和荣誉可以为某些特定的创新提供激励，但是并不能给知识产权的所有权提供一个合法的依据。专利法的发展则提供了这种保护。中世纪末期以来浮现出来的一些组织形式，经过逐渐演变，已经能够鼓励这种内在化，从而使潜在的社会收益可以由某些团体或个人来实现。不过，这些组织形式是在要素市场和产品市场尚不完备的环境下发展起来的，结果就导致了财产权制度的演化既要界定源于创新的收益，又要考虑如何让从事创新的个人得到这种收益。

---

① 这个模型的一个合乎逻辑的推论是，哪个行业的性质阻止个人创新者以保密、垄断或专利权等形式获取社会收益中的较大份额，该行业的生产率收益的增长速度就将会比其他能够收益内在化的行业低得多。在这方面农业属于特殊情况，直到20世纪政府才开始系统性地承担农业的研究和开发。

第五节

就这样，我们看到了在 17 世纪第一个鼓励创新的专利法问世；《土地保有法令》（*Statute of Tenures*）清除了许多封建奴役的残余；股份公司的兴起取代了原有的规约公司（regulated company）；咖啡馆发展起来了，那是有组织的保险的开端；证券市场和商品市场创设出来了；金匠发展成了发行银行钞票、贴现票据、接受存款并付息的存款银行；还有，英国中央银行也创立了——1694 年，英格兰银行在获颁特许状后成立。在 1688—1695 年间，股份公司的数量从 22 家增加到了 150 家。贸易部门的规模已经发展到足以有效利用先前荷兰人采用的那些商业技术了。

到 1700 年的时候，英国的制度框架已经可以为经济增长提供一个适宜的环境了。工业管制渐趋消亡、行会权力不断下降，给劳动力的自由流动和经济领域的创新活动创造了条件，而且创新在稍后又进一步得到了专利法的鼓励。资本的流动受到股份公司、金匠（银行）、咖啡馆（保险公司）和英格兰银行（英国中央银行）的鼓励，它们都降低了资本市场的交易成本。也许最重要的是，议会至上原则和普通法中包含的财产权，帮助那些急于利用新的经济机会的人掌握了政治权力，并且为司法制度保护和鼓励生产性的经济活动提供了基本框架。

尽管开端不利，但是到 1700 年的时候，英国已经开始了持久的经济增长。它发展出了一套包含在普遍法中的有效的财产权利体系。除了清除了要素市场和产品市场上资源配置的障碍之外，英国还开始用专利法来保护知识的私有财产权了。现在，舞台已经搭好，就等工业革命粉墨登场了。

结束语

本书就写到 18 世纪为止，这正是大部分关于欧洲经济发展的研究开始的时期。到那个时候，财产权结构已经在荷兰和英国发展起来了，从而为持续的经济增长创造了必要的激励，它们包括鼓励创新和随后的工业化所需要的各种诱因。工业革命不是现代经济增长的原因，它是提高了开发新技术并将新技术应用于生产过程的私人收益率（的制度安排）的结果。

此外，国际竞争也提供了强大的激励，促使其他国家改变各自的制度结构，以便为经济增长和工业革命的展开提供激励。成功的那些国家的成功，是财产权利重组的结果；失败的那些国家的失败，则是经济组织无效率的结果。西方历史上的伊比利亚半岛和当代拉丁美洲、亚洲和非洲的大部分国家，都是失败国家的例子。

这并不是一个全新的观点。卡尔·马克思和亚当·斯密无疑会同意这个观点。他们也都认为成功的经济增长有赖于有效的财产权的发展。只不过，他们的追随者似乎基本上忘记了这一点。

但是如果就此得出最终结论说，我们与这两位现代经济思想的智识上的先驱者完全一致，那么不仅错了，而且很误导人。卡尔·马克思是一个理想主义者。他认为世界将经由一系列前后相继的阶段进入共产主义，而在资本主义阶段必须发展出有效的财产权，使之成为进步的一个有力的推进器，那是这个进程所必需的。

亚当·斯密曾经激烈地抨击重商主义和政府的无效率。不过他也承认，私人收益与社会收益之间有时会出现差异，而且某些重要职能需要由政府来承担。

但是，马克思未能认识到经济增长并不是必然会发生的，而亚当·斯密则没有告诉我们怎样才能保证一个有效率的政府一定会出现——这样的政府会创设并维护一组保障经济持续增长的财产权。当然，我们自己也刚刚开始着手研究经济组织。如果本书能够鼓励或激发专家和其他学者接受这个挑战，那么本书的目的也就达到了，而且那样的话，我们现在这个结束语将会顺理成章地变成开场白！

参考文献

第一章

An earlier condensed version of the theme of this book is presented in Douglass C. North and Robert Paul Thomas, 'An Economic Theory of the Growth of the Western World', *The Economic History Review*, 2nd series, 22, no. 1 (1970), 1–17.

The intellectual origins of the theory set out in this chapter can be traced to W. F. Baumol, *Welfare Economics and the Theory of the State* (Longmans, 1952); Anthony Downs, *An Economic Theory of Democracy* (Harper and Row, 1957); J. Buchanan and G. Tullock, *The Calculus of Consent* (University of Michigan, 1962); Harold Demsetz, 'Towards a Theory of Property Rights', *American Economic Review* (proceedings, May 1967); Kenneth Arrow, 'Political and Economic Evolution of Social Economics of Output', in *The Analysis of Public Output*, edited by Julius Margolis (New York, Columbia University Press, 1970) pp. 1 – 23. Also see Joseph Schumpeter, 'The Crisis of the Tax State', *International Economic Papers*, no. 4 (1918), 5–38, and Frederic C. Lane, 'Economic Consequences of Organized Violence', *The Journal of Economic History*, 18, no. 4 (December 1958), 401–17.

Marxist historians have been concerned with the growth of the Western World. Maurice Dobb's *Studies in the Development of Capitalism* (George Routledge and Sons, 1946) provides an interesting account. See also Dobb's exchange with Paul Sweezy in *Science and Society*, no. 2 (1950), 134–67.

第二章

The North–Thomas article cited above, 'An Economic Theory of the Growth of the Western World', provides a brief overview of the period under study. B. H. Slicher van Bath, *The Agrarian History of Western Europe; A.D. 500–1850* (Edward Arnold, 1963), surveys the history of the agricultural sector.

第三章

A more detailed statement of the theory presented in this chapter is presented in Douglass C. North and Robert Paul Thomas, 'The Rise and Fall of the Manorial System: a Theoretical Model', *The Journal of Economic History*, 31, no. 4 (December 1971), 777–803; also see Evsey Domar, 'The Causes of Slavery or Serfdom: A Hypothesis', *The Journal of Economic History*, 30, no. 1 (March 1970).

Also see Steven N. S. Cheung, *The Theory of Share Tenancy* (University of Chicago Press, 1969), and 'The Structure of a Contract and the Theory of a Non-Exclusive Resource', *The Journal of Law and Economics*, 13 (April 1970), 49–70, for an analysis of the economics of modern agricultural controls.

第四章

Henri Pirenne's views on medieval history are to be found mainly in his *Mohammed and Charlemagne* (Allen and Unwin, 1939); *Medieval Cities* (Princeton University Press, 1925); and *Economic and Social History of Medieval Europe* (Harcourt-Brace, 1956). The basis for the Marxian view is expressed in Karl Marx, introduction to *A Contribution to the Critique of Political Economy* (Charles H. Kerr and Co., 1904); also F. Engels, *Origin of the Family, Private Property, and the State* (International Publishers, 1942). The best exposition of the Marxist approach is contained in V. G. Childe, *History* (Corbett Press, 1947); the origins and early development of feudalism in England are described from a Marxist point of view in M. Gibbs, *Feudal Order* (Corbett Press, 1944), the Marxist point of view is also represented in M. Dobb, *Studies in the Development of Capitalism* (George Routledge and Sons, 1946).

A good summary of the exposed defects in the Pirenne thesis is found in A. Riising, 'The Fate of Henri Pirenne's Thesis on the Consequences of Islamic Expansion', *Classica et Medievalia*, 13 (1952).

Our description of the medieval countryside and the manor is based upon Georges Duby, *Rural Economy and Country Life in the Medieval West* (University of South Carolina Press, 1968); H. S. Bennett, *Life on the English Manor* (Macmillan, 1938); Doris Mary Stenton, *English Society in the Early Middle Ages, 1066–1307* (Penguin Books, 1951); H. L. Gray, *The English Field System* (Harvard, 1915); C. S. Orwin, *The Open Fields* (Clarendon Press, 1967) and *A History of English Farming* (Thomas Nelson and Sons, 1949); T. A. M. Bishop, 'Assarting and the Growth of the Open Fields', *The Economic History Review*, 6 (1935); Marc Bloch, *Feudal Society* (University of Chicago Press, 1961); Paul Vinogradoff, *Villeinage in England* (Clarendon Press, 1892); and *The Cambridge Economic History*, 2nd ed., vol. 1.

The free rider problem is mentioned in the text; for a contemporary complaint about this problem, see *Walter of Henley's Husbandry Together with an Anonymous Husbandry*, ed. E. Lamond (Royal Historical Society, 1890).

Our description of feudalism and the nature of land ownership is based upon D. R. Denman, *Origins of Ownership* (Allen and Unwin, 1958); J. J. Lawler and G. C. Lawler, *A Short Historical Introduction to the Law of Real Property* (Foundation Press, 1946); and Marshall Harris, *Origin of the Land Tenure System in the United States* (Iowa State College Press, 1953).

The explanation for the contractual form employed in the manor is presented in more detail in Douglass C. North and Robert Paul Thomas, 'The Rise and Fall of the Manorial System'.

第五章

The citations listed in the bibliography to Chapter 4 for the medieval countryside and manor were also employed in writing this chapter plus the following: A. E. Levett, *Studies in Manorial History* (The Clarendon Press, 1938); R. H. Hilton, *A Medieval Society* (Weidenfeld and Nicolson, 1966); Warren C. Scoville and J. Clayburn LaForce, *The Middle Ages and the Renaissance* (D. C. Heath, 1969); B. H. Slicher van Bath, *The Agrarian History of Western Europe: A.D. 500–1850*; Reginald Lennard, *Rural England, 1086–1135* (Clarendon Press, 1959); and J. Z. Titow, *English Rural Society, 1200–1350* (Allen and Unwin, 1969).

The awakening of trade and commerce and the beginnings of urbanization are aptly described in R. S. Lopez, 'The Trade of Medieval Europe in the South', *Cambridge Economic History*, vol. 2 (1952) and M. M. Postan, 'The Trade of Medieval Europe: The North', *Cambridge Economic History*, vol. 2.

A description of new technologies that were introduced during this period is found in Lynn White, Jr., *Medieval Technology and Social Change* (Clarendon Press, 1962). For a general discussion of the evolution of field systems see H. L. Gray, *English Field Systems*; C. S. Orwin, *The Open Fields* and *A History of English Farming*; also White, *Medieval Technology and Social Change*. For the best discussion of changing contractual arrangements see M. M. Postan, 'The Chronology of Labour Services', *Transactions of the Royal Historical Society*, 4th series, 20 (1937). Professor Postan covers the same subject in 'The Rise of a Money Economy', *The Economic History Review*, 14 (1944). Earlier contributions to the commutation debate can best be studied in the following: T. W. Page, *The End of Villeinage in England* (Macmillan, 1900); H. L. Gray, 'The Commutation of Villein Services in England before the Black Death', *The Economic History Review*, 29; E. A. Kosminsky, 'Services and Money Rents in the Thirteenth Century', *The Economic History Review*, 5, no. 2. For a discussion of assarting see D. M. Stenton, *English Society in the Middle Ages* and Paul Vinogradoff, *Villeinage in England*.

Georges Duby, in *Rural Economy and Country Life in the Medieval West* has an excellent description of colonization and its associated problems. H. S. Bennett, in *Life on the English Manor* has a good description of the evolution of the 'custom of the manor', pp. 99–101, which can be adequately supplemented by Marc Bloch, *Feudal Society*, pp. 113–16. Bloch in *Feudal Society* suggests that 'memory was the sole guardian of tradition' (p. 113). Bennett in *Life on the English Manor* also emphasizes the importance of the 'dooms' or the judgements of the jury in the manor court. For a description of differences in manorial structure see Duby, *Rural Economy and Country Life in the Medieval West*, pp. 47–54. Also see Chapter 29 of *Feudal Society* where Bloch compares the feudal systems of France, Germany and England, and *Cambridge Economic History of Europe*, 2nd ed., vol. 1, pp. 238–46.

The three-field system was called 'the greatest agricultural novelty of the Middle Ages' by C. Parain in *Cambridge Economic History*, vol. 1 (1941), p. 127, but White, *Medieval Technology and Social Change*, is perhaps the most oft-quoted source on the productivity gains to be had from the three-field technique. White, p. 74, also has a short discussion of the varying degrees of adaptations. Titow in *English Rural Society, 1200–1350*, p. 40, dismisses ignorance as the reason for non-adoption and accepts Gray's (*English Field Systems*) conclusion that soil conditions were the determining factor (pp. 71–3). Orwin, *A History of English Farming*, attributes the evolution of three course rotation mainly to population pressure and the need for more food (p. 13). Stenton in *English Society in the Middle Ages* blames 'a conservative adherence to the two-field system' (pp. 125–6).

For a summary of the sources of many technological advances see White, *Medieval Technology and Social Change* and 'The Medieval Roots of Modern Technology and Science', in Warren C. Scoville and J. Clayburn LaForce (eds), *The Economic Development of Western Europe* vol. 1 (Heath, 1969) and reprinted from Katherine F. Drew and Floyd S. Lear (eds.), *Perspectives in Medieval History* (University of Chicago, 1963). Also see A. P. Usher, *A History of Mechanical Inventions* (Harvard University Press, 1954), Chapter 7.

第六章

There are a large number of local and regional monographs which do provide discrete statistics and regional time series but the generalized inferences one can draw are limited and controversial. On demographic material we have used Russell's *British Medieval Population*, though cautioned by Goran Ohlin's sobering comments on demographic history in Henry Rosovsky (ed.), *Industrialization in Two Systems; Essays in Honor of Alexander Gerschenkron* (Wiley, 1966). The urban population data come from *Cambridge Economic History*, vol. 3, p. 38. Another source of demographic data is Pollard and Crossley, *The Wealth of Britain, 1085-1966* (Schocken Books, 1969) and Henri Pirenne in 'The Place of the Netherlands in the Economic History of Medieval Europe', *The Economic History Review*, 2 (1929–50) discusses the urban character of the late medieval 'low countries'.

For price history we have relied on Pollard and Crossley; B. H. Slicher van Bath, *The Agrarian History of Western Europe; A.D. 500-1850*; D. L. Farmer, 'Grain Price Movements in Thirteenth Century England', *The Economic History Review*, 2nd series, 10 (1957–8); J. Z. Titow, *English Rural Society, 1200-1350*; William Abel, 'Agriculture and History', *International Encyclopedia of the Social Sciences* (Macmillan, 1968), vol. 5.

For much of the institutional description we have relied on *Cambridge Economic History*, vol. 3, particularly the essays on the organization of trade and on governments and public credit. Also see A. P. Usher, 'The Origins of Banking; The Primitive Bank of Deposits 1200–1600', *The Economic History Review*, 4 (1934) and J. A. Van Houtte, 'The Rise and Decline of the Market of Bruges', *The Economic History Review* (April 1966), pp. 29–48.

The growth of commercial law is discussed in Pollock and Maitland, Chapter 5. European commercial law is examined in Monroe Smith, *The Development of European Law* (Columbia Press, 1928). For a summary of the literature on English land law see North and Thomas, 'The Rise and Fall of the Manorial System', section 5.

第七章

The information on the population movements of these centuries is as conjectural as for the earlier period. We usually know the direction, but both the magnitude and turning points are in dispute. In addition to the Bennett and Russell citations in the text many of the regional studies of the French sixth section explore demographic data including Pierre Vilar, *La Catalogue dans l'Espagne Moderne*, 3 vols. (Sevpen, 1962) and E. Le Roy Ladurie, *Les Paysans de Languedoc* (Sevpen, 1964). Specialized studies abound, including J. M. W. Bean, 'Plague, Population, and Economic Decline in England in the Later Middle Ages', *The Economic History Review*, 2nd series, 15 (1963); D. Herlihy, 'Population, Plague and Social

Change in Rural Pistoria; 1261-1430', *The Economic History Review*, 2nd series, 18 (1965); M. M. Postan, 'Some Economic Evidence of Declining Population in the Later Middle Ages', *The Economic History Review*, 2nd series, 2 (1950). See also J. Hirshleifer, *Disaster and Recovery: The Black Death in Western Europe* (The Rand Corporation, 1966) for an economic analysis of the data. Price and wage data are contained in Slicher van Bath and M. M. Postan, 'The Fifteenth Century', *The Economic History Review*, 2nd series, 2 (1945-50).

For trade studies, see *Cambridge Economic History*, vol. 2; H. Miskimin, and the Vilar and Le Roy Ladurie studies mentioned above. On the wool cloth trade see E. M. Carus-Wilson, 'Trends in the Export of English Woolens in the Fourteenth Century', *The Economic History Review*, 2nd series, 3 (1950).

The decline of serfdom is described in J. M. W. Bean, 'The Decline of Serfdom', *Cambridge Economic History*, vol. 1 (2nd ed.); North and Thomas, 'The Rise and Fall of the Manorial System'.

Changes in warfare as well as studies of the rise of nation states are described in C. W. Previte-Orton and Z. N. Brooke (eds.), *The Cambridge Medieval History*, vol. 8, *The Close of the Middle Ages* (Cambridge University Press, 1969). See also C. W. Previte-Orton's shorter version in *The Cambridge Shorter Medieval History*, vol. 2.

French fiscal policy is admirably examined in the forthcoming study of Martin Wolfe, *The Fiscal System of Renaissance France* (Yale University Press, 1972) Eileen Power, *The Wool Trade in English Medieval History* (Clarendon Press, 1941) gives an excellent account of its role in English fiscal history. See also Stubbs (cited in text). The Burgundian rule in the Netherlands is described in Previte-Orton, *The Cambridge Shorter Medieval History*, and for Spain see Jaime Vicens Vives, *An Economic History of Spain* (Princeton University Press, 1969).

第八章

The argument that the largest potential source of productivity gain during the early modern period was in the transactions sector is expanded in Clyde G. Reed, 'Transaction Costs and Differential Growth in Western Europe during the Seventeenth Century', *The Journal of Economic History* (forthcoming). Some of the ideas presented in this chapter were anticipated by Joseph Schumpeter, 'The Crisis of the Tax State' and by F. C. Lane in 'The Economic Consequences of Organized Violence'. The view that transactions are subject to economies of scale is suggested by Kenneth Arrow, 'Political and Economic Evaluation of Social Effects and Externalities'; and by Yoram Barzel, 'Investment, Scale and Growth', *Journal of Political Economy* (March-April 1971).

第九章

The debate among Marxist historians as to how to interpret the early modern period is characterized by the Dobb–Sweezy controversy cited above. Also see E. J. Hobsbawm, 'The Crisis of the Seventeenth Century', *Past and Present*, nos. 5 and 6 (1954). The historical data on population for this period are summarized by Karl F. Helleiner in 'The Population of Europe from the Black Death to the Eve of the Vital Revolution', *Cambridge Economic History*, vol. 4. The figures for English population growth are those of J. Rickman, 'Estimated Population of England and Wales, 1570–1750', (Great Britain: Population Enumeration Abstract, 1843).

The history of prices for the early modern period owes much to Earl J. Hamilton whose two volumes on Spain during this period, *American Treasure and the Price Revolution in Spain, 1501–1650* (Octagon Books, 1965) and *War and Prices in Spain, 1651–1800* (Harvard University Press, 1947), contain a wealth of statistics. Hamilton is noted for his discussion of the inflation of the sixteenth century. Our knowledge of the price history of England and the Netherlands depends equally upon the work of Lord Beveridge, *Prices and Wages in England* (Longman, Green, 1936), and N. W. Posthumus, *Inquiry into the History of Prices in Holland*, 2 vols. (E. J. Brill, 1964). E. H. Phelps-Brown and Sheila V. Hopkins, in a series of articles cited in the text, summarized and organized the best series for English real wages and the terms of trade, as well as providing evidence for other countries. Eric Kerridge, 'The Movement of Rent, 1540–1640', *The Economic History Review* 2nd series, 6 (August 1953), provides the best information on the course of English money rents.

第十章

A good summary of French economic history is to be found in Henri Hauser's 'The Characteristic Features of French Economic History from the Middle of the Sixteenth to the Middle of the Eighteenth Century', *The Economic History Review*, 4 (1933).

Our discussion of French fiscal history owes much to Martin Wolfe, *The Fiscal System of Renaissance France*. The agrarian history of France is summarized in Marc Bloch, *French Rural History* (University of California Press, 1966). We also consulted Abbott Payton Usher, *The History of the Grain Trade in France, 1400–1710* (Harvard University Press, 1913), Steven N. S. Cheung in *The Theory of Share Tenancy* cited above has a particularly valuable discussion of *metayage*. The history of industrial regulations in France is discussed in Eli Heckscher, *Mercantilism*, rev. ed., edited by E. F. Soderlund (Allen and Unwin, 1955) and in John U. Nef.

Industry and Government in France and England, 1540-1640 (Cornell University Press, 1957).

A summary of Spanish economic history is available in Vicens Vives, *An Economic History of Spain* and of Spanish political history in John Lynch, *Spain under the Hapsburgs*, 2 vols. (Blackwells, 1964, 1969). The definitive study of the Mesta is Julius Klein, *The Mesta* (Harvard University Press, 1920). The decline of Spain has received relatively much attention. See Earl J. Hamilton, 'The Decline of Spain', *The Economic History Review*, 8 (1938); J. H. Elliott, 'The Decline of Spain', *Past and Present*, 20 (November 1961), 52–73; and Maurice Schwarzmann, 'Background Factors in Spanish Economic Decline', *Explorations in Entrepreneural History*, 3 (1951), 221-47.

第十一章

Besides the works by Pirenne mentioned in the text, for the development of Dutch government and fiscal policy see H. G. Koenigsberger, 'The Estates General in the Netherlands Before the Revolt', in *Studies Presented to the International Commission for the History of Representative and Parliamentary Institutions*, 8 (no date). The expansion of the international market centered in the Low Countries is covered by any number of secondary sources, see the *Cambridge Economic History*, 4. The development of the Dutch fluteship is covered in Violet Barbour, 'Dutch and English Merchant Shipping in the Seventeenth Century', *The Economic History Review*, 2 (1930) and the same author's *Capitalism in Amsterdam During the Seventeenth Century* (Johns Hopkins Press, 1950) describes the rise of Amsterdam. Herman van der Wee, *The Growth of the Antwerp Market and the European Economy* (Martinus Nijhoff, 1963) reviews the changes in commercial and agricultural organizations that occurred. For a description of these new crops and techniques see B. H. Slicher van Bath, 'The Rise of Intensive Husbandry in the Low Countries', in J. E. Bromley and E. H. Kossman (eds.), *Britain and the Netherlands* (Chatto and Windus, 1960).

第十二章

English political history is reviewed in W. C. Richardson, *Tudor Chamber Administration* (University of Louisiana Press, 1952); G. R. Elton, *The Tudor Revolution in Government* (Cambridge University Press, 1953); A. F. Pollard, *The Evolution of Parliament* (Longman, Green, 1926); and in *The Winning of the Initiative by the House of Commons* (Wallace Notestein, The British Academy, 1924) which provides a detailed description of the rise of the Commons in the early seventeenth century. The classic source on English public finance is F. C. Dïetz, *English Public Finance, 1558-1641*

(The Century Co., 1932). William Holdsworth, *Some Makers of English Law* (Cambridge University Press, 1966), lecture 6, provides a succinct discussion of Coke's role in English law and government, which summarizes his multi-volume history of English law. For a description of Coke's contribution see D. O. Wagner 'Coke and the Rise of Economic Liberalism', *The Economic History Review*, 6. The story of the rise of the chartered company is told in W. R. Scott, *Joint Stock Companies to 1720* (Cambridge University Press, 1912), vol. 1.

For a description of English agricultural change see Eric Jones, 'Agriculture and Economic Growth in England, 1660–1750', *The Journal of Economic History* (March 1965), 1–18. For a more detailed description of the trial-and-error process by which commons shifted to exclusive ownership and enclosure in Hampshire, see Bennett Baack, 'An Economic Analysis of the English Enclosure Movement' (unpublished PhD. dissertation, University of Washington, 1972). English industrial development is recounted in Eli Heckscher, *Mercantilism* and John U. Nef, *Industry and Government in France and England, 1540–1640*. For patents see Harold G. Fox, *Monopolies and Patents: A Study of the History and Future of the Patent Monopoly* (Toronto University Press, 1947). A partial list of the monopoly patent grants is given in E. W. Hulme, 'The Early History of the English Patent System', reprinted in *Selected Essays in Anglo-American Legal History* (Little Brown and Co., 1909), vol. 3.

译后记

道格拉斯·诺斯（Douglas C. North）和罗伯特·托马斯（Robert Paul Thomas）所著的《西方世界的兴起（900—1700）》应该是一本不用写一个字推介语的名著吧！中文世界的读者对它也肯定不陌生了。早在 20 世纪 80 年代末，它就作为"二十世纪文库"中的一种由华夏出版社出版了，译者是知名学者厉以平和蔡磊。这个中译本后来多次再版和重印，流传甚广（以下称这个中译本为"厉蔡译本"）。

因此，读者自然会提出一个问题，为什么要重译这样一本经典著作？当然，这也是我在着手翻译之前要问自己的一个问题。重译经典其实是一件风险极高的事情，不但付出的工作量比翻译新书更大，而且非常容易吃力不讨好。

《西方世界的兴起（900—1700）》一书的厉蔡译本，我在很久以前就读过了，那时就觉得有些地方似乎不是很流畅，但是一直没有去对照原文细究过。这次中国人民大学出版社李伟兄约我重译此书，我想，得先仔细对照英文原书，再从头到尾细读一遍厉蔡译本，才能决定要不要接下这个任务。

不过，在看了序言和书中的几段引文之后（根据我自己的经验，翻译一本书中引用别的书的大段引文，往往构成了对译者最大的考验），我就认定可以——不仅是可以，而且是应该，或者说必须——着手重译此书了。

例如，我在厉蔡译本的序言中读到了这样一句话：

"我们特别要感谢以下诸位：特别是我们的长期患病的同事史蒂文·彻温，他在发展理论框架方面给予了帮助；……"

对应的英文原文是：

"Our specific debts are many: to our long suffering colleagues and particularly Steven Cheung who provided assistance in developing the theoretical framework; ……"

这里的"Steven Cheung"是张五常而不是"史蒂文·彻温"。这可以暂且不论，因为涉及的是一个人名，但是把"our long suffering colleagues and particularly Steven Cheung"译为"我们的长期患病的同事史蒂文·彻温"显然过于望文生义了。首先，原文用的是复数"colleagues"，所以不是单指"Steven Cheung"一个人。其次，把"our long suffering colleagues"译为"我们的长期患病的同事"显然也是不妥的，作者在这里要表达的应该是"我们长期以来有问题就要去麻烦这些同事，所以要感谢他们"的意思。

在继续往下读的过程中，我又发现了很多类似的望文生义的译文，此外还有不少知识性的错误，甚至还有一些整句、整段漏译的情况（例如，英文版第4页有半页左右被漏译了）。

另外，厉蔡译本对一些术语的处理也可能是有问题的，例如，将"free-rider"译成了"白搭车（者）"而没有译为"搭便车（者）"。至于译文中读起来不顺或不太符合今天的表达习惯的地方那就更多了。渐渐地，我心中竟然涌起了一种"使命感"。如此重要的一本著作，无论如何总应该有一个更好一些的中译本吧！

于是，就有了现在读者看到的这个译本。有心的读者，不妨将我这个译本与厉蔡译本对照起来看一看。无论如何，翻译是一件苦差事，厉、蔡两位前贤在当年翻译时遇到的困难肯定要比现在我们遇到的大得多——也许是今天的我们无法想象的，因此我们应该多一点理解。

尽管我在翻译过程中一直以厉蔡译本为参照，并且力图避免出现错漏，但是由于水平有限，我这个译本肯定仍有不少缺点和错误，在此敬请读者、专家批评指正。此外还要说明的是，正因为翻译是对照着厉蔡译本进行的，因此也有一些地方对厉蔡译本的译文有所参考，在此要对厉、蔡两位前贤表示感谢，同时也希望不会有人认为我是在照搬甚至抄袭（这也正是重译经典的最大风险之一。对某一句英文的翻译，即便是完全独立完成的，也可能与前人的译法类似，但你是后来者，就很难证明你没有参考前人的译法）。

本书的翻译工作得以完成，我最要感谢的是我的太太傅瑞蓉，她为我、为我们的家庭付出的实在太多了。还要感谢小儿贾岚晴，他每晚去睡觉时一定不会忘记催我也马上去睡，尽管我总是无法做到。

我还要感谢我现在就职的农夫山泉股份有限公司和钟睒睒先生。农夫山泉公司使我衣食无忧，它一贯注重品质、强调利他，也正与我的追求相契合。钟睒睒先生既是我的老板，也是我的良师益友，他也经常跟我提到诺斯的著作和思想。

贾拥民

写于杭州崄谷阁

图书在版编目（CIP）数据

西方世界的兴起：900-1700 /（美）道格拉斯·诺斯，（美）罗伯特·托马斯著；贾拥民译. -- 北京：中国人民大学出版社，2022.5

ISBN 978-7-300-30488-5

Ⅰ. ①西… Ⅱ. ①道… ②罗… ③贾… Ⅲ. ①西方经济 - 经济史 - 研究 - 900-1700 Ⅳ. ① F150.9

中国版本图书馆 CIP 数据核字（2022）第 070001 号

西方世界的兴起（900—1700）

[美] 道格拉斯·诺斯　　著
　　　罗伯特·托马斯

贾拥民　译

Xifang Shijie de Xingqi (900—1700)

出版发行	中国人民大学出版社		
社　　址	北京中关村大街 31 号	**邮政编码**	100080
电　　话	010 - 62511242（总编室）		010 - 62511770（质管部）
	010 - 82501766（邮购部）		010 - 62514148（门市部）
	010 - 62515195（发行公司）		010 - 62515275（盗版举报）
网　　址	http://www.crup.com.cn		
经　　销	新华书店		
印　　刷	北京联兴盛业印刷股份有限公司		
开　　本	890 mm × 1240 mm　1/32	**版　　次**	2022 年 5 月第 1 版
印　　张	9.375 插页 2	**印　　次**	2024 年 6 月第 3 次印刷
字　　数	173 000	**定　　价**	69.00 元